あの子はなぜ友だちが出来ないのか

―孤立する子ゼロ！・教室経営のヒミツ―

奥田嚴文 著

学芸みらい社
GAKUGEI MIRAISHA

まえがき

セミナーなどで話をさせていただくようになり、様々な評価をいただくことがある。

その中で、面白い評価が
「奥田先生は、セロトニン系教師ですね」

というものであった。

詳しく聞いてみると、教師には、どんどん子供を乗せてやる気にさせる「ドーパミン系教師」と、温かい空気を作って安心させる「セロトニン系教師」がいるということだった。

どちらかと言えば、確かに自分はセロトニン系かもしれない。


ドーパミン系の先生はキャラも立っており、パワーもあるので統率力も高いように感じるので、とても羨ましい存在である。

私は、新卒で子供の前に立った時、子供との距離感が取れずにいた。

ぐっと踏み込んで指導するということに苦手意識をもっていた。

その割に教師としての技ももっていないので、うまくいかない時は感情的に怒っていたように思う。

そんな時にＴＯＳＳと出会った。

ＴＯＳＳには私の苦手感を克服する教師の技がたくさんあった。

そして、ＴＯＳＳで二〇年以上学び続けてきた。

そこで気が付いたことは、

・技を正しく使うためには、その裏に隠れた子供への誠実な思いを理解する必要がある。
・技には多くの種類があり、個性に合ったものもあれば、合わないものもある。
・むやみに技を使うと失敗する。
ということであった。

このような気付きの上に学びを蓄積してきた結果、怒鳴らなくても学級経営が出来るようになった。

すべての学年を担任しているが、どの学年でも同様である。

もちろん、教育の現場なので、叱ることや諭すこともある。

それでも、怒鳴ることなど皆無である。

それが、「セロトニン系講師」と呼ばれた所以だと思う。

学校は勉強するところである。

しかし、多くの保護者、子供、そして私たち教師も、学校では「友だち関係」が大切だと思っている。

私も強くそう思う。

これから紹介することは、多くが友だち関係のトラブルである。

事前に予防できなかったということは、私の失敗の記録でもある。

そして、それをどう乗り越えてきたかを紹介する。

「セロトニン系教師」がどうやって子供たちの友だち関係をサポートすることができるのか。

本書は私と同じように、自分をどんどん表現することに苦手感をもっている方に共感いただけるのではないかと思う。

奥田　嚴文

もくじ

第二部　なぜあの子は「友だち」が出来ないのか

1章　教師がイラっとするときもある

子供は、様々な失敗を繰り返しながら人間関係を構築していく。

学校では、子供同士の関わりだけでなく、子供と教師の関わりもある。

その中で人間関係を学ぶことは多い。

基本的には、教師の言動を手本として、子供たちに浸透させていくというスタイルを貫きたい。

しかし、教師とて人間である。

いつでも冷静で適切な判断ができるわけではない。イラっとしたり、ムカッとしたりすることも多々ある。

後から思えば反省するのだが、結果的によかった場面を紹介する。

1　とにかく否定したがる子供

否定の言葉の多い子供と出会ったことはあるだろうか。

ある程度は、取り合わず流すことができるのだが、あまりに頻繁に友だちや先生の言うことを否定ばかりしていると、イラっとしてしまう。学年が低い段階であれば、時折、注意してやればいい。

自分が嫌なことをしているということを自覚させることで、自己修正に向かうように誘うことが大切である。私がよく行う方法は、以前に担任したクラスのことを引き合いに出すやり方である。


先生が前に担任した子でね、友だちの言うことや、先生の言うことをいつも「でも、」って否定する子がいたんだよね。

それが始まると、周りの子が急に白けた雰囲気になるんだ。

ある日、その子が陰口を言われているのを聞いちゃったんだ。

「あいつに遊びに来いって誘われた」

「えー、行くの？」

「行くわけないじゃん、全然楽しくないもん」

「自分の言うことが全部正しいって思っていつもダメ出しだからな」

「すっぽかすの？」

「いや、電話でなんか用事ができたことにしとく」

「俺も今度そうしよう」

その後も、しばらく悪口が続いていたんだよね。

先生ね、心配になって、悪口を言われていた子にそれとなく教えてやったんだ。

「○○君って、いつも『でも』って、人の言うことを否定するよね」

って言っている声が聞こえたんだ。

注意しようと思って、誰が言っているのか探したんだけど結局わからなかったんだ。

なんか、最近意地悪されたりとかない？

その日を境目に、その子の「でも」は少なくなったんだ。

本当にいじめにあってはいけないので、注意して見ていたんだ。

だけど、行動が改善されたからなのか、それ以降は仲良くしていたようだよ。

やっぱり、友だちにあまりにも嫌な思いをさせるのはよくないんだなと思ったね。


この話は九〇％実話である。その子に限らず、「そんな言い方して大丈夫か」とニヤリとしながら注意するだけで、子供たちの言動は改善された。

先生に叱られることには耐えられても、友だちを失うことには耐えられない。

実話がなければ、物語を作り上げてもよいと思う。

ダメなことをしていると自覚できるようにすることがねらいなのだから。

担任経験が少ない先生であれば、過去の友だちのことでもよいだろう。

ただし、二次障害を起こしていて特別な支援を要する場合はこの限りではない。

対応することが逆効果になることもあるからだ。そっとしてやり過ごすしかないという子供もいることを知っているだけでも少し広い心でいることができる。

そして、周りの子供も教師の対応を見てそれをまねるようになる。

2 「聞いてほしい」が文句になる

先生に話しかけるときに

「せんせぇ！」

と、文句を言うかのごとく話しかける子供がいた。

一対一でも、授業中の質問の時でも同じである。本人に悪気は全くないようであった。

毎回そういう呼び方なので、すこしイラっとしてしまった。

叱ろうかなとも思ったが、いったんその行動を咀嚼することにした。

「先生、聞いて聞いて」

と話をしてくれる子供は本当にかわいいものである。

しかし、低学年のクラスでは、話に割り込むようにしてくる子供も多くいる。感じがよいものではない。

どうやったら、自分の話を聞いてもらえるのか、低学年の子供の中ではいろいろなことを考えるのだろう。おそらく、そのような成長過程で文句を言うように言えば、先生が振り向いてくれると誤学習してしまったのだろう。

だったら、ストレートに教えてやればいいと思った。

担任して三日目、いつものように呼びかけてきた。

「なぁに！、〇〇さん！」

と、その子のモノマネをして答えた。

その子はびっくりしていた。もちろん周りの子供も。

「そんな話方しなくても、ちゃんと聞くから大丈夫だよ」

と、諭した。その子は、恥ずかしそうに笑っていた。周りの子供も笑っていた。

それ以来、私への呼びかけは優しくなった。

3 「振り向いてほしい」が嫌味になる

子供たちは成長過程でいろいろな学びをしてきている。

どうやったら大人が振り向いてくれるのか。

自分を見てほしい気持ちがいっぱいである。

骨折した子供が学校生活を送るには、手助けが必要である。

特に階段の上り下りは一人では危険となる。

そこで、担任が手助けをすることになる。

骨折した子は、普段の身体の使い方も上手ではなく、階段は私が背負って移動していた。

周りの子供も荷物を持ったり、必要な物を持ってきてくれたり、とても優しくしてくれていた。

そのたびに、

「ありがとう。助かるよ」

と、声をかけていた。

骨折した子供は痛い思いや、不便な思いをしたが、クラスはとてもよい雰囲気となった。いいことをすると、嬉しい言葉が返ってくるという体験は十分にさせることの大切さを改めて感じた。

さて、そんな対応をしていたある日。

迎えに来たお母さんの車に乗せるべく、子供を背負っていた。

周りの子供たちは荷物を持ってついてきてくれている。

いつもは、真っ先に荷物を持ってくれている子がいるのだが、その時は、帰りの準備が少し遅れたため別の子供が荷物を持ってくれていた。

子供を背負っている私の姿を見て、子供たちが楽しそうに

「お父さんみたいだね」と、声をかけてくれる。

荷物を持つことができなかった、その子も一緒についてきていた。

「先生がお父さんなら、迎えに来たお母さんと夫婦みたいだ」

と、少々嫌な感じで言ってきた。二度も三度も同じことを言う。

「それって、迎えに来たお母さんに失礼だぞ」

とか、「嫌な感じに聞こえます」

と、諭してもよかった。

でも、（荷物を持てなかったことが悔しかったのかな）とその子の気持ちに寄り添ってみた。

そこで、「そうか、そう見えたか」

と聞き流した。

子供たちは、いいことがしたくて、取り合いになったり、言葉がきつくなったりしてケンカすることがよくある。

「夫婦みたいだ」と言った子供は、家庭が安定しない子であった。

自分の子供対応が正解かどうかは、いつも迷うところがある。

この時は、教えてやった方がよかったのかもしれない。

ただ、次の日からも、その子は介助を一生懸命に手伝ってくれた。
聞き流してやることもまた、一つの選択肢である。

第一部

なぜどう「いじめ」が起こるのか

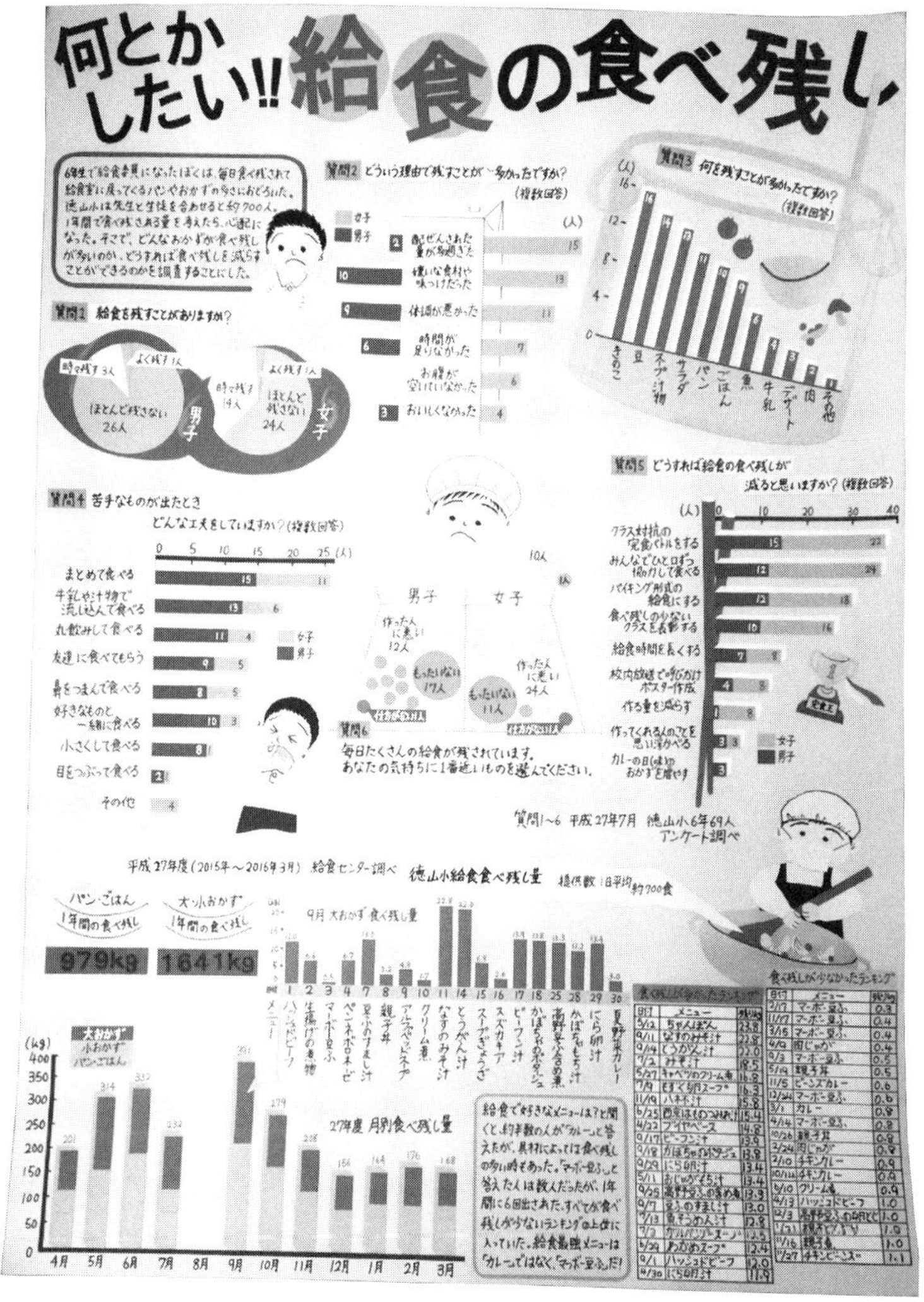

2章　いじめは絶対に許さない

子供のいじめの多くが自覚のない状態で行われている（と思う）。

私が対応した事例をいくつか紹介する。

1　親友との仲を引き裂く

朝、七時五五分頃、昨年度担任していた高学年女子が、私のところに血相を変えてやってきた。

「○○先生（養護教諭）が呼んでいます」

私のクラスのA（三年女子）が泣いているのを養護教諭が発見し、様子がおかしいので空き教室で落ち着かせているということだった。

関係者は、B・C・D・E（すべて私のクラスの女子であった）。

この中でBがリーダー格である。

大雑把に言うと、児童クラブ（学童保育）に通っているB・C・D・Eが、Aを仲間はずれにしようとした事件である。

詳細は次のとおりである。

学期末のお楽しみ会（子供たちが企画を勝手に想像していた）でB・C・D・Eがダンスをすると約

束。

Ｅはあまり乗り気ではなかった。

Ｅは、仲の良いＡに、あまりやりたくないということを話す。

Ａが、Ｂ・Ｃ・Ｄに、「Ｅさんはダンスしないって」と伝える。

突然、そういう言い方をされたＢ・Ｃ・Ｄは不満に思った。

Ａのいない児童クラブでＢ・Ｃ・Ｄは、Ｅをそそのかそうとした。

「Ａさんとべったりしすぎなんじゃない」

「本当は、Ａさんといるの嫌なんでしょ」

「だって、いつも命令されてるじゃん」

「そういえば、仲良しのしるしでストラップをもらってたよね」

「あんなの、返しちゃえば」

「あした、学校に持ってきなよ」

「私たちが返してあげるから」

Ｅは確かに、Ａの接し方に強引さを感じてはいた。

しかし、トラブルを起こすのが好きではなく、ケンカがないなら少しぐらい自分が我慢してもいいと思うタイプの子供であった。

Ｂ・Ｃ・Ｄに強く迫られ、断ることができなかった。

よせばいいのに、次の日、Ｅはストラップを学校に持ってきた。

また、ごまかせばよいものを、Bたちに

「持ってきたよ」

と、わざわざ伝えた。

Bは、

「貸して。私が返してきてあげる」

と言って、Aが登校してくるなり

「Eさん、これ、もういらないんだって。だから返すね」

と、ストラップを突き返してしまった。

Aはびっくりして、その場にへたり込んでしまった。

それを、養護教諭が発見したのだ。

私が、駆け付けた時にもAは号泣していた。

ランドセルなど荷物は養護教諭にお願いした。

私が事情を聞いて、先に述べたことが発覚した。

話を簡単に済ませるわけにはいかなかったので、教頭に一報を入れ、教室の子供たちを見てもらえるようお願いをした。

話の流れからBが主犯だと感じた。

そこで、E→D→Cの順で呼び出し、事情を聴くことにした。

裏が取れたところでBを呼び出した。

Bが主犯だと感じたからであった。

Bはいい子を装っていたので、完全に裏を取ってから話を聞いた。

やはり、最初はごまかそうとした。

嘘を重ねると引き返せなくなるので、すべての事情は聴いていることを伝え、再度、事情を自分の口から話すように促した。

すると、正直に話をし始めた。

次のような指導を行った。

・それぞれの立場で、自分が同じようにされたことを具体的に想像させた。
・ものすごく悪い行動であることと定義づける。
・ただし、どの学年でも起こる事件である。
・初めてのことなので、先生は、「だめ」だと教えてあげた。
・次に同じことが起これば、厳しい指導になる。
・もう、同じ事件を繰り返してはいけない。

最後に、言いたいことはないかと尋ねると、Cが
「謝りたい」

と言った。

つられるようにBもDもEもAに謝罪した。

さて、AとEとの関係をどうするかという問題が残っている。

できれば、仲直りさせてやりたいが、それは私が決めることではないので、Aに尋ねてみた。

「その、ストラップ、どうする？」

しばらく沈黙が流れる。

「もう一回Eさんに預けてあげますか？」

と聞くと、私の方を見て頷いた。

「では、Eさん。ランドセルに入れて大切に持って帰りなさい」


この後も気を付けてこの子たちの関係を見ていたが、トラブルになるようなことはなかった。

結果的に、この件を通過したことは、この子たちにとってよかった。

互いに強い立場だったAとBは仲良く話をするようになった。

どちらかといえばAが周りに打ち解けない感じであったが、いろいろな友だちと遊ぶようになった。

これまで、AとEはべったりと一緒にいたのだが、他の友だちとも遊ぶようになった。

また、AがEに対して強い立場での言動が見られていたが、これも緩和された。

学期末の懇談会で、保護者がAの様子の変化を教えてくれた。

学校だけでなく、家に遊びに行った時の様子も改善されたようだった。


集団でいれば必ず友だち同士のトラブルは起こる。

私たち教師は、未然にそれらを防ぐことも大切な仕事である。

しかし、それ以上に、トラブルをうまく乗り越えさせることが大切になる。

嫌な思いをして知ったことほど、人生の宝物になる。

2　意外な原因

高学年になると人間関係によく目を配っておかないと大きな事件に発展することがある。

当時、私が担任していたある児童は、クラスで最も勉強ができ、授業中には発表などで活躍もしていた。そして、運動もできた。更には、明るい性格で信頼されており、スポーツ少年団ではキャプテンであった。

こんな子でも些細なきっかけでいじめにあうことに驚いた。

いじめが発覚したのは、母親からの電話であった。

涙ながらに、最近孤立していて家でずっと泣いていることを教えてくれた。

それでも、学校では負けないように明るく振る舞っているとのことだった。

自分の鈍感さを思い知らされた。

そんな状態になるまで、気が付けなかったことを謝った。

対応を決め、今日中にまた折り返し電話することを約束し、いったん電話を切った。

すぐに学年主任に相談すると、具体的な手段をとってくれた。

主任が言ってくれた言葉は私の心の支えとなった。

「二組で起こった事件だけど、これは学年全体の問題だからね。見逃していた私にも責任がある。一組にもあるかもしれないから、徹底的に調べよう」

そして、次の方針を打ち出してくれた。

・次の日の朝一で臨時の生活アンケートをする。
（勤務校は全市で毎週、生活アンケートを行っていた。）
・最近困っている人はいないかを聞く項目を作る。
・もし情報が得られない場合は全員に聞き取り調査を行う。
・具体的にその子供の名前が出れば、書いた子供の話をきっかけにして、全員に聞き取りを行う。
・具体的ないじめが発覚したら、該当者に指導する。
・その後、全体指導を行う。
・アンケートは主任が作る
・聞き取りの間は、専科と教頭が授業を行う。
・この対応について生徒指導主任と養護教諭、管理職と今から相談する。
・対応がはっきりすれば奥田が母親に「管理職を交えて方針を決めたこと」「明日どのような対応をするのか」という内容を伝える。
・伝え方は電話でアポを取り、家庭訪問をして伝える。

若かった私には、ものすごく鮮やかに見えた。
校長の承認が得られたので、すぐに母親に連絡をした。

主任がついてきてくれた。

まずは、謝罪をし、私が方針について話した。

母親は少し安心した様子であった。

本人と話がしたい旨を伝えると、呼んできてくれた。

その子にも謝って、明日のことを伝えた。

泣きながらも、了承してくれた。

自分に与えられた一度きりのチャンスだと覚悟を決めた。

つらかったら休んでもよいことを伝えたが、次の日は登校してくれた。

どのような気持ちだったのか想像を超えるが、絶対にその子を守らなければならないと思った。

予定通り、アンケートから開始した。

私のクラスからは出てこなかったが、隣のクラスから本件に関わる記述が三件出てきた。

主任がすぐに聞き取りをしてくれた。

やはり、当該児童が無視されているというものであった。

ショックだったのは、いつも仲が良かった二人も同じように無視していたことだった。

その聞き取りの情報をもとに、全員の面談を行った。

生活アンケート（高学年）

　　年　　組　名前

1　最近印象に残っていることはなんですか。

2　先生に相談したいことがあれば書いてください

3　困っている友だちがいれば教えてください。

教室は自習体制で、専科の先生と教頭に見てもらっていた。

女子はこの件に関して全員認知していた。ほとんどの女子は泣きながら事情を話した。

驚いたのは、男子は全員、全く気付いていなかった。

無視されても明るく振る舞っていたこともあるが、このように陰でいじめが行われるのだということが実感できた。

話を聞いていくうちに主犯格が浮き彫りになってきた。

女子が目をはらして教室に帰ってくるので、教室の空気は張り詰めていたと教頭が教えてくれた。

最後に原因となっていた子供の話を聞いた。

私の前に来る時から青ざめていた。この件について聞くと、すぐに「無視していました」と認めた。

「多くの人が、あなたに言われて無視したと言っていますが、心当たりはありますか。」

もう、声にならない。絞り出した声で語ったのは次のことだった。


学活で「咀嚼の大切さ」の授業を行っていた。

そこで、「ひ・み・こ・の・は・が・いー・ぜ」を扱った。

咀嚼をすることの八つの効果の頭文字をとったものである。

ひ　肥満予防
み　味覚の発達
こ　言葉の発音はっきり

の　脳の発達
は　歯の病気を防ぐ
が　ガンの予防
い　胃腸の働きの促進
ぜ　全力が出せる

「ぜ」について予想していた時に、無視された子供は「喘息が治る」と何度も言っていたそうだ。

無視していた子供は小さいころから喘息を持っており、「喘息、喘息」と言っているその様子に、馬鹿にされている気持ちになったということだった。

思わぬところに原因があったことを知り、本当に自分はダメだと思った。
女子が全員関わっていたこともあって、今回の件を全員に話した。
女子全員が泣きながら謝った。
無視されていた子も、
「いやなこと言ってごめんね」
と言って暗に許すということを伝えた。
気付かなかった男子と自分も反省しないといけないと話をし、私も改めて謝った。
するると、男子も一人ひとり謝り始めた。

「気付かなくてごめんなさい」

「寂しい思いをさせてごめんなさい」

という言葉が続く。

そういうつもりではなかったのだが、素敵な子供たちだと思った。

主任が教室に来た。

「そろそろ、給食を食べさせて」

気が付くと給食の時間になっていた。

給食の準備をしようと呼びかけた。

仲の良かった三人は抱き合って泣いていた。

あとで、どんな話をしたのか聞いてみた。

「『怖くて断れなかったの、ごめんね』と言ってくれました」

教室は心なしか和やかな雰囲気になっていた。

3　生活アンケートを解決の糸口に使う

生活アンケートの効果については懐疑的であったが、いつでも相談できる体制をとっていることと同時に、このような使い方もできるのかということを学ぶことができた。

十年以上たってこの学びを生かす機会があった。

二学期の運動会が終わった時期、女子の様子に違和感があった。

若いころよりは子供たちのことが見えるようになってきたのだろう。

困っているだろう子供に声をかけると、三人の女子に何かと意地悪をされるのだという。

仲良しの友だちもいるので、大丈夫だという。

もちろん、私のいるところでは何をするわけではない。

そこで、仲が良いという友だちから様子を聞くことにした。

すると、

「きつい言葉をかけられたり、仲間はずれにされたりしています」

と教えてくれた。

それは見逃せないから先生が言ってやる、と言うと、怖いからやめてほしいという。

そこで、同学年の先生方に状況を説明して、協力を得た。

「次の日の生活アンケートをするときに、他のクラスで困っている人はいないかという質問を口頭で付け加えてもらえませんか」

事前に、他のクラスで仲良くしてくれている子供に、生活アンケートに書いてもらえるようにお願いしておいた。

もちろん、これも同学年の先生方には伝えておいた。

次の日のアンケートでは、お願いしていた子以外にも、この件について教えてくれた子がいた。

それについて、聞き取ってもらい私に情報が集まるようにした。

意地悪をしていることが明らかになったので、三人を呼び出した。

「今日の生活アンケートに、あなたたちが○○さんに意地悪をしているということが書いてありました。

他のクラスから全部で五つ、同じ内容でした。

一組、二組、四組の先生にも話を聞いてもらいました。

あなたたちの意地悪は、ほとんど全員が知っているということです。

先生も、最近様子がおかしいと思っていました。

何か言いたいことはありませんか」

完全に青ざめている。

「だれかに、やめろと言われましたか」

首を横に振る。

「つまり、注意はしないけれど、みんなが冷ややかにあなたたちを見ているということです」

一人泣き始めた。

「今日、今、この瞬間から行動を改めるなら許します。

きっと、同級生たちもこれ以上は言わないでしょう。

でも、まだ続けるようだったら、学年みんなを集めて、この事件を話して意見を聞きたいと思います。

もちろん、家の人にも連絡します」

三人とも涙を流している。

「先生は、弱い立場の子を助けなければなりませんが、あなたたちも助けなければなりません。

今なら、まだ助けてあげられます。

だから、もう意地悪をやめなさい」

「わかりました」

と、言ったところで指導を終えた。

この後、何度も探りを入れたが、意地悪はぴたりとなくなった。

生活アンケートは、このように周りの子供を味方につけるという使い方もできる。

4　低学年の差別

一年生のA君が友だちと関わる力は三、四歳程度であると専門家から診断されていた。

幼い関わり方に加えて、他地域の保育園に通っていたこともあり、周りの子供はA君をなかなか受け入れられない様子であった。

そのため、Aくんに冷たくあたっている場面を何度も見かけた。

そのつど指導してきた。

月曜日、A君は学校に行きたくないと言ったそうだ。

前日の日曜日、お兄ちゃんのサッカーの試合観戦に行った。

そこで、出会った同じクラスの女の子Bちゃんとケンカしたことが原因ではないかと母親から連絡があった。

お母さんは、女の子が悪いと言っているわけではなかった。

微熱もあったとのことで月曜日は学校を休んだ。

A君とケンカをしたというBちゃんは学力が高く、行動的なのでクラスの中心的な存在であった。

生活態度も模範的な子供である。

日曜日に出会った時、最初は仲良くしていたそうなのだけれど、途中からケンカが始まったそうである。

原因はよくわからないとのこと。

お母さんは、

「一日休めば気持ちが晴れると思います」

と、おっしゃるのでその日は何も手を打たずにいた。

A君は火曜日も学校に来なかった。

連絡帳には
「まだ、気持ちが切り替わらないみたいです」

と書いてあった。

危機感を感じた。

「明日、来られないようでしたら、お伺いしてもよいですか」

と返事を書いた。

水曜日、A君は学校を休んだ。

連絡帳には
「Bちゃんとは電話で仲直りできました。

多分明日は行けると思います。
一六：三〇～一九：〇〇にはずせない用事が入ってるのですが
　それ以外の時間でもよいでしょうか」
と書いてあった。
　解決しているとは感じられなかったので、
「一六：〇〇ごろお伺いします」
ということを書いた。
　電話を入れてからA君の家に向かった。
A君の家に着くと、A君が元気よく迎えてくれた。
まずは、A君を抱っこした。
家の中に通されたのでリビングで話をした。
私の隣にはA君、斜め前にお母さんが座ってのお話である。
話の内容は要約すると次のとおりであった。

・日曜日のケンカの件については仲直りでき、A君も喜んでいる。
・今日は少し下痢気味だったので本人が欠席を決め込んでいた。
・今まで続けて休むということがなかったので驚いた。
・今回のことはきっかけであったが、本当は、クラスのC君に乱暴されるのが怖いようだ。
・普通学級に入学させるとき、このようなトラブルがあることは覚悟していたが、なかなか今回は気持ちを切り替えさせることができなかった。

お母さんは、非常に明るく話されるのだけれど、話は深刻である。

私は次のようなことをお話した。

・それは明らかにいじめです。
・A君を全力で守らなくてはいけません。
・C君も変えてやらなければなりません。
・そして、C君を指導し、行動を改めさせます。

A君は、私と一緒に遊びたそうだったので、ゲームを二回やった。レースのゲームである。そのゲームは初めてであったが、大学生の時ゲームに時間を費やしてきたことがこの場面では役に立ったようだ。

勝負の結果は一勝一敗。どちらも僅差であった。

A君も盛り上がったが、お母さんも感心してくれた。

「あしたの昼休みには砂場遊びをしよう！」と約束をして失礼することにした。お母さんの用事に支障が出ないよう、一六：二〇に退散した。

木曜日、もしも学校に来なかったら、子供たちにA君についての話をしようと思っていた。そんな不安を吹き飛ばすようにA君は元気な顔を見せてくれた。

朝から私と一緒に遊べるのが楽しみでしょうがないようだった。

驚いたのは周りの子供の対応である。

クラスの中心的な女の子をはじめ、優しく対応している姿が目に入ってきた。

おそらく、親同士の連絡でBちゃんにA君の障害のことがわかり、その子なりに対応を模索しているのだろうと感じた。周りの子供が優しいと、逆にA君の不適応が浮き彫りになってきた。土にみられる不適応は

・友だちにぶつかっていく。
・友だちとの距離が近づきすぎる。
・急に大きな声を出す。

それぞれに

・ぶつかると痛いから、ゆっくり近づこうね。
・もう少し離れたほうがよくお話ができるよ。
・先生とお話しするときと同じぐらいの声で話そうね。

と少しずつ教えてやった。

もともとは、普通学級は難しいといわれていたお子さんなのでしっかりとした配慮が必要である。

　絶対に二次障害を併発させてはならないと思う。昼休み、約束どおりA君とともに砂場へ向かった。

周りの子も数名、

「先生、一緒に遊んでいい？」

と群がってきた。その子たちも引き連れて砂場で遊んだ。

　穴を掘ったり、山を作っただけなのだけれどとても喜んでくれた。

「先生、あしたもやろう」

と言うので、

「やろう、やろう！」

と言い、念のため次のことも伝えておいた。

「でも、もしも、お仕事で来られなくなっても許してくれる？」

「うん、いいよ！」

「あしたも楽しみだね。」

金曜日も一緒に砂場遊びをした。

その日の夕方、A君の家に電話した。

とても喜んで帰ってきたと安心した様子であった。

そして、次の話をしてくれた。

・Bちゃんのお母さんと話をした。（お兄ちゃん同士がサッカーに所属しているので仲良し）
・A君の障害の話をした。

・Bちゃんのお母さんはよくわかってくれた。
・今日、Bちゃんのお母さんからメールが来て、Bちゃんに話をしたと書いてあった。
・Bちゃんは泣きながらお母さんの話を聞いていたとのこと。

そこで、学校の様子を話した。

私も、A君のお母さんもお互い、子供たちの様子と、親同士のやり取りが一致したことがわかった。

Bちゃんは中心的な存在だけあって、周りの子への行動にも影響するようである。

今後も連絡を取り合いましょうと電話を終えた。

A君に対するC君の暴力の件についてはきっちり指導が必要である。


C君は明るい子ではあるが、つい手を出してしまう子である。

このまま放っておくと彼も嫌われ者になってしまう。

A君のお母さんと電話をした次の日、C君の様子を注意深く見守っていた。

A君を守ると同時に、適切なタイミングでC君を指導するためである。

一時間目終了後、軽く友だちを小突いた。

この瞬間を見逃さず、

「C君、来なさい」と呼んだ。

彼に小声で次のように話した。

「実はね、C君が乱暴で困るという電話が、友だちのおうちの人から三回も学校にかかってきたんだ。

『D君というのはどんな子供なんですか』というふうに。

先生はね、あなたの明るいところや賢いところを沢山知っているんだけど、乱暴をすると、おうちの人たちは『C君は乱暴者だ』と思っちゃうんだよね。

大人たちに嫌われたいかい？」

C君は青ざめて顔を横に振った。

「うん、そうだね。

みんなが安心して過ごせた方がいいよね。」

C君は頷く。

「特にA君に対してひどいって言われてたぞ。A君に優しくできるか？」

「はい」と答えた。

「早く乱暴なことをやめないと、大変なことになるかもしれないよ」

目が潤んでいる。

「乱暴なこと、やめられそう？」

「はい」

このように指導した。

これで、すべての乱暴が直ったわけではないが、A君に対する態度は改善された。

３章　暴力やケンカには冷静に対応

いじめの問題も心を使うが、学校での暴力行為も適切な対応が求められる。
暴力行為は犯罪であり、友だちを遠ざけることに直接つながる。
また、保護者からも敬遠され、子供だけではなく、家庭を巻き込む場合も多々ある。
このようなことから、学校での暴力行為は極力減らしてやらなければならない。

１　出血するほど友だちを殴ってしまった事例

五年生を担任した時に対応した事例を紹介する。
まずは、加害者となった児童Ａ君の記録である。

【一年生】
小食⇒少しずつ改善が見られる。
手足が出ることがある。⇒改善が見られる。

【二年生】

きまりが守れない。遊んではいけないところで、帽子を投げて遊ぶ。
時折、友だちと口論になり、暴言や暴力が見られた。

【三年生】
かっとなって、暴力をふるうことがある。
授業中、きちんと座れない。
作業は早いが雑である。
反抗的な態度を取る。
自分勝手な行動が多く、自分が叱られたとき、人のせいにすることが多々あった。
根にもって、相手を追いかけまわしたり、仕返ししたりすることが多々あった。
みんなから怖がられているので、どんどん態度が大きくなった。
教師に対して、素直に謝ったり甘えたりもするが、反抗的な態度を取ることがあった。
叱られるとふてくされて、物にあたったり、人にあたったりした。
かっとなると、暴力をふるい、度が過ぎることがあったので、保護者に連絡をした。
人を挑発する言動を取ることが多々あった。特定の子供三名とよくトラブルになった。

【四年生】
友だちと戦いごっこと称して、遊ぶ。
本人は、気持ちが高ぶって友だちの肩を後ろから押す。

押したところ、友だちは前方の椅子にあごを打ちつける。

あごを裂傷し出血、二針縫うけがをした。

両方の家に連絡をしたところ、本人の保護者が被害児童の家に直接謝罪に行き和解した。

帰宅が同じ方向の児童四人と下校中、本人以外の二人がケンカとなる。

気持ちが高ぶった本人も言い合いに加わり、殴り合いのケンカになってしまった。

その日のうちに四名から電話で聞き取りをした。

四名の保護者は子供と共に来校。

それぞれに非があったことや、きっかけは些細なことであったことを確認し、互いに謝罪をして和解。


記録に残っているだけでこれだけの情報が私の知り得るところとなった。

教師の皆さんなら予想できると思うが、これは氷山の一角にすぎなかった。


彼が二、三、四年生の時には生徒指導主任をやっており、よく話を聞いてやっていた。

そのため、彼のことをある程度把握していた。

彼が野球を一生懸命にやっており、日曜日は、私の家の近所で練習をしていること。

授業の内容はすぐにわかるので、学校の授業は退屈だということ。

将来は、俳優を目指しており、子役のオーディションを何度か受けていること。

何か起こった時には、いつも自分が悪いと決めつけられることに腹を立てていたこと。

などなど。

私は、事が起こった後に事情を聴く役割が多かった。

だから、私のことは、「自分の話を聞いてくれる大人」という認識をしてくれていたのではないかと思う。そんな彼を担任して、二日目に事件が起こった。


給食準備中のことである。

何事もなく、準備は進んでいた。

給食初日ということもあり、給食準備を効率化する意義を伝え、それをシステム化するため、私は配膳の手伝いを全力で行っていた。

ふと、顔を上げるとものすごく静かにB君を殴っているA君を見つけた。

「何してんだ！　やめろ、○○!!」

さすがに声を上げた。

彼らが入学して以来、私が怒鳴るのを初めて見たと思う。

教室の時が止まった。

もちろん彼も、その相手も動きを止めた。

興奮気味の彼を別室に連れて行きながら、隣のクラスの先生を呼んだ。

「ごめん、緊急事態。職員室から誰か呼んで。

悪いんだけど、誰か来るまで教室お願いしてもいい？」

すぐに対応してくれた。

別室でA君の話を聞いた。

聞き取りの際に心掛けたのは、子供の気持ちに寄り添うことだった。

これまでの関わりから、突発的に人を殴るようなことはしないと感じていた。

「あなたが、あんなに怒るんだから、きっといろんなことがあったんだろうね」

すると、ぼろぼろ泣き始めた。

「何があったか話せる?」

話の概要はこうだった。

給食の準備をしているのに、B君がエプロンを脱ごうとしている姿が見えたから、注意をしようと思った。

ただ、その時にかけた言葉が
「おめぇ、なにしよーんか!」

であった。

給食時間は静かに過ごすという学校のきまりがあったので、本当に静かに言ったようである。

後でわかったことだが、エプロンを脱いでしまったB君が四年生の時に所属していたクラスでは、食缶などを持ってきたら、エプロンを脱ぐというシステムになっていた。

このシステムに対する批判はさておいて、それを知らないA君は、エプロンを脱いでいるB君の姿を見て、さぼっていると思った。彼なりの注意の言葉の後に、捕まえようとした。

突然の注意(暴言ととれただろう)に驚き、B君は反発した。

「何が、悪いんか!」

それはそうだ、B君は四年生の時に指導されていたことをそのままやったのだ。

ただ、エプロンをこのタイミングで脱ぐということに、多くの児童が疑問をもっていたのだと思う。

同じクラスの子でも、B君以外はだれも踏襲していなかった。

エプロンを脱いだのが一人だけだから、さぼるつもりだと思ったのだ。

互いに大義があるので引くことをしない。

言い合いは激しくなる。

言い合いで収まらず、ついにエスカレートして殴り合いに発展してしまったのだ。

エプロンを脱いだB君は空手をやっているので、最初は手を出すのをずっと我慢していた。

しかし、あまりにしつこく殴るので、我慢しきれずに一発だけ反撃をした。

B君は鼻血を出し、下唇を少し切った。

A君は、顔に少しあざができた。

流血があったので、補助に入っていた先生が保健室に行くように促してくれた。ところが、職員室からの救援を待たず、一人で行かせてしまった。

まだ、クールダウンできていなかった。

B君は保健室に向かう途中、壁を殴り、右手小指を負傷することになった。

幸い骨折には至らなかった。

昼休みにはどちらも落ち着いたので、教頭と手分けをして話を聞いた。

私が聞き取ったことでどちらも間違いがないことを認めた。

もともとは、仲の良い二人だったので、お互いに謝った。

「どうして、大きな声を出さずに静かにやり合ってたの？」

と聞くと、

「給食の準備中は静かにしなきゃいけないと思って……」

と答えた。

なんと、かわいい子供たちだろうと思った。

「言い合ったり、殴り合ったりしたことはよくないけど、どっちもいいことをしようと思ったんだよね」

二人は驚いた様子だった。

「君たちは正義感の強い、いい子だ。でもやり方は間違っちゃったね。

今度からは先生に相談してくれるかな」

とお願いすると、二人は素直に返事をしてくれた。

空手をやっているB君にはもう一つ聞いた。

「なんでこんなに血が出るまでやり返さなかったの？」

すると
「お父さんと約束したから」

と教えてくれた。

格闘技をやっているので、練習や試合の時以外に技を使ってはいけないという約束をしていたらしい。絶対に守ろうと思ったが、あまりにしつこいので一発だけやり返したそうだ。

これも立派だと感じた。

けがをしているので、保護者への連絡も必要であると話したが、二人とも受け入れた。

夕方一六：〇〇～一七：〇〇にかけて、互いの保護者に連絡。

どちらのお母さんも
「大丈夫です、子供のことですから。〇〇さんとも面識がありますし」

「申し訳ありません、すぐに連絡を取ります」

と、すぐに連絡を取り合ってくれたと。

翌日、彼は
「ご迷惑をおかけしました」

と、朝一番に声をかけてくれた。

どちらも怪我の様子はひどくはないようであった。

もともと、仲が良かった二人なので、楽しそうに遊んでいた。

放課後、一日の様子を連絡した。

どちらにも、けがの様子と共に、その日に頑張っていたことや二人が一緒に過ごした様子を報告した。

どちらの保護者にも感謝の言葉をいただけた。

保護者同士も互いに謝れたと教えてくれた。


それぞれに持つ正義感がぶつかり合ってケンカが起こることはよくあると思う。

互いの言い分にしっかりと耳を傾けたことで、二人は素直に話をしてくれた。

そして、この対応は私への信頼感を増すことに役立ったようだ。

それだけでなく、これまでの二人の様子を知っている周りの子供たちも穏やかに終息したことに驚いたようであった。

私は、トラブルを穏やかに解決できる子供に育ってほしい。だから、私も、トラブルをできる限り穏やかに解決する姿を見せるように心掛けている。

よりよい友だち関係が構築できる雰囲気は、担任教師の雰囲気が握ってるといっても過言ではない。

2　低学年でも事情を聴いてあげる

隣のクラスのC君は、幼稚園から乱暴であるという申し送りのあった子供である。

幼稚園の先生が困っていたことは、とにかく手が出ることであった。

入学式の次の日、学年でトイレ指導をしていたとき、C君が友だちを殴るところが目に入った。

グーで、相手の顔面を殴った。

もちろん、見逃すわけにはいかない。

「いま、殴ったよね。」

有無を言わせず詰め寄る。

「謝ります」

大きな声ではなかったが、事が起こった瞬間に指導されたので、びっくりしたのだろう。

ぼろぼろ泣き始めた。

もう一度、きっぱりと伝えた。

「謝りなさい」

C君は素直に謝った。

叱られたら反抗的になると聞いていたので意外だった。

そして、ゆっくり話しかけた。

「C君も嫌なことされたんだよね」

こくりと頷く。

足を踏まれたそうだ。（わざとではなかったらしい。）

「でもね、殴っちゃだめだ。

今度から嫌なことがあったら先生に言いなさい。

先生がC君のこと助けてやるから」

隣のクラスの先生が持てあましていたので、何度か話を聞く機会があったが、一度も反抗的な態度をとることはなかった。

やはり、話を聞いてくれると思えば、反抗する必要がないのだろう。

もちろん、そうでない場合も稀にはある。

しかし、ほとんどの場合は、話を聞いてやることが解決の近道となり、その後の指導もしやすくなる。暴力をふるう子は敬遠されがちであるが、落ち着いた姿が通常になれば、子供たちは友だちとして認めてくれる。

次の音楽の時間も合同で私が授業をしたが、「ぞうさん」になりきって一緒に踊ってくれた。

かなりかわいい子供である。

後日、家に帰る前に私のところにやってきた。

「先生、聞いてほしいことがあるんですけど」

突然どうしたのかと思ったが、真剣に悩んでいる様子であった。

腕組みをして、「うーん」と言いながら言葉を探している。

「C君、どうしたの？

友だちに嫌なことされたのかな？」

と聞いてみると、首を横に振った。

しばらくして、やっと言葉が出てきた。

「あのねぇ、ぼくねぇ、自動車と、ラーメンとどっちが好きかなぁ」

膝の力が抜けた。

「どっちも好きなんだよね。

ゆっくり考えればいいよ。

決まったら、先生にお教えてね」

そう言うと、笑顔で帰っていった。

そんな彼は高校生になり「ものづくり」の全国大会で日本一になった。

子供の可能性は無限大である。そんな子供の力を、教師の狭い了見で削ぎ取ってはいけないと、自分をいつも戒めている。

3　真面目な子への対応でケンカの未然防止

一年生の自由帳を書くことが好きな子がいた。
特に数字を書くことが好きであった。
絵を描いてその中に数字を書いてあることが多かった。
一ページびっしり数字を書いてあることもあった。
ある日、何を思ったか、一ページに「1」を一つ書いて、次のページも「1」。
次も、また次も……。
全部のページに「1」を書いた。そして、
「終わった！」
と喜んでいた。
そして、私に見せに来た。
わたしは、にこにこして
「そっか、がんばったね」
と声をかけた。
改めて書くスペースはいっぱいあるし何しろ自由帳だからいいだろうと思っていた。
ところがこれでは終わらなかった。
隣の席の女の子が

「先生、〇〇君が無駄遣いをしています」

と困った感じでその様子を訴えてきた。

　そんな使い方はもったいないということなのだろう。

「まあ、彼の自由帳だからいいじゃん」

と答えた。

「先生、いけません。紙を無駄遣いすると地球が温暖化します」

　おうちの方がそのような話をしているんだろうなぁと感心した。

思わず「温暖化って何？」と意地悪をしようと思ったけど、かわいいのでやめた。

「よく知ってるね。

〇〇君は、まだ白い所をもう一回使うから大丈夫だよ」

と諭した。

　まさか「温暖化とは……」

　先生がそう言うのなら、という感じで納得したようなしないような顔で去っていった。

　人によって許容範囲は異なるのだと思うが、一年生に必要以上に細かなことを言わなくてもよいのではないかと思う。

　育てたい力があるなら、一つずつ教えて、できるように促してあげるのがよいだろう。

　出来ないことを細かく指摘しすぎると、先生の行動が周りの友だちにコピーされてしまうので、子供の前の言動には気を付けたいものである。

4　一年生のケンカ

一年生が遊んでいる様子は、じゃれあっているという表現がぴったりである。
じゃれあっているのだから当然ケンカも起こる。
ケンカの原因のほとんどは、「やり過ぎ」である。
やんちゃ同士が遊んでいるのを見ているとその傾向が如実に現れる。
最初は笑顔で遊んでいる。
そのうち、片方が手を出し始める。
もう片方はいなしながらも、少し反撃する。
そのやり取りは、見る見るうちに激化する。
今まで、笑顔で遊んでいた光景はウソのようにケンカへと発展する。
どうなるのかな。
そろそろ止めようかな、と見守っていた。
どちらも引くに引けない状況になり、周りの子供が私のところに報告に来る。
このようなことはどこの教室でもある出来事ではないだろうか。
ちょうどよいタイミングなので二人を私のところに呼ぶ。
私の前に来た二人は、膨れっ面である。
もちろん、どちらも相手が悪いと思っている。

「最初は楽しそうに遊んでいたよね」

そういえばそうだったという顔をする。

「先生、見てたんだけど、少しずつ遊ぶ力が強くなって、どっちも嫌な気持ちになっちゃったね」

私は、どちらが悪いと思っているわけではないことが二人に伝わる。

そこで、子犬の話をしてやる。

「子犬はね、友だちと遊ぶときに軽く噛み合うんだよ。

でも、その力が強すぎると、ケンカになるんだ。

そして、しばらく遊んでくれなくなる。

子犬はそこで学ぶんだ。

強く噛み過ぎると嫌われるんだって。

そして、もう、強く噛まなくなる」

しっかりと聞いてくれていた。

「二人は人間でしょ。

強くやり過ぎたら嫌な気持ちになることがわかったね」

二人とも、頷いてくれている。

「子犬でも学ぶことができるんだから、人間の二人は大丈夫だ。

もう嫌なことをしないように気を付けられるよね」

どちらも納得してくれた。

「では、また、仲良く遊んでおいで」

二人は笑顔になって私のそばから離れていった。

「さっきは、ごめん」

「ぼくもごめんね」

という会話が聞こえてきた。

誰にでもやり過ぎてしまったという経験はあるだろう。

それを互いに理解し、許し合い、行動が改善されるから友だち関係はよりよいものになっていく。

このような対応をするためには、子供と一緒にいて子供の様子に心を配っておかなくてはならない。

特に配慮が必要な場合は、かなり早い段階で未然防止のための声をかけるようにしている。

「それ以上やるとケンカになるぞー」

「そろそろやめた方がいいんじゃないかな」

子供たちはハッとして行動を改める。

4章　ルールを守らせないと空気がよどむ

1　騒ぎの原因は教師自身

歯科検診が行われた。

計画よりかなり遅れ、中途半端な時間からの開始となった。

掃除終了後、かなりばたばたの状態で会場に向かった。

会場の静かさを保つため、終わった子供から教室に返そうと思った。

一人だけで返すと不安だったので、検診が終わった子供を三人ずつ教室に返すことにした。

「教室に帰ったら、給食のときのように本を読んでいます」

「トイレは行ってもかまいません」

このように伝え三人ずつ教室に返した。

検査会場はとても静かに過ごすことができた。

しかし、一年生だけで過ごしている教室が無事であるはずはなかった。

私が教室に帰ると、騒がしい雰囲気であった。

「先生○○君が大きな声で話しています」

「先生、走っている人がいました」


今ならばこのような事態は容易に想像できる。

同学年で手分けしておくとか、手の空いている先生にお願いしておくとかするだろう。

また、誰も手が空いていなければ、少々おしゃべりがあったとしても会場で待たせておくだろう。

しかし、まだ若かったこの時にはそういう対応は思いつかなかった。


さて、教室を鎮静化しなければならない。

「その場に座りなさい」

何人か私に訴えかけようとするが、それを制して指示する。

「いいから座りなさい」

まずは指示が伝わる状態にした。

「あとから、話を聞きますから、まずは片づけをします」

「時計の針が三になるまでに、トイレをすませたり、本を片づけたりしましょう」

およそ、五分の時間を取って落ち着かせた。

その途中で
「先生！」

と言いに来ても、

「あとで聞くからね」

と、とりあえず着席させた。

全員が席に戻って、話し始めた。

最初は叱ろうと思っていた。

しかし、待っている間に考えが変わった。

「教室の様子が大変だったようですね。

うるさかった人、走っていた人がいたと聞きました。

でも、静かに読書できた人もいますよね。

静かに読書していた人、立ってごらん」

すると、一二名の子供が立った。

もしかすると、ごまかしている子もいるかもしれないが、今回は追及しないことにした。

「すばらしい！　もう立派な小学生です」

座らせた。

「自分は静かにできなかったと思う人は立ってごらん」

一〇名の子供が立つ。

「正直でいいですね」

座らせる。

「困ったことがあった人、お話を聞きますから立ってごらん」

一〇名が立った。

一人ひとり、話を聞いていった。

コメントは入れず、

「はい、わかりました」

と聞いていった。

「こんなに沢山困った人がいました。

こういうクラスは『悪いクラス』ですか」

子供たちは、口々に「悪いクラス」だと言う。

「先生は、普通だと思います」

子供たちは驚いた表情で話を聞いている。

「一年生がね、先生なしで過ごすと、いろいろ困ったことが起こります。

それが普通です。

でも、二年生、三年生になると困ったことは少なくなります。

なぜかというと、我慢できる子が増えるからです」

静かに聞いてくれていた。

「先生がいないのに、遊びたい気持ちを我慢して本を読んでいた人、もう一度立ってごらん」

一二名の子供がもう一度立った。

「こんなに我慢できる人がいるんだからきっといいクラスになります。

我慢できる子が多いクラスはいいクラスになります」

以上で指導を終え、五時間目の音楽の授業に入った。

2　子供の安全を守るルールを教える

学校のルールには、子供の自然な動きと合わないものがある。

ただし、それは安全を守るために必要なルールでもある。

休み時間、何人かの子供が私のもとに来た。

「先生、ボールが田んぼに入りました」

「A君がボールを取りに外に出ました」

子供が勝手に学校の敷地外に出てはいけないことになっているため、私を呼びに来たのだ。

訴えに来た子供たちとその場所に向かった。

その場所に到着すると、彼は、田んぼの中でたたずんでいた。

ボールはかなり奥まで飛んでいた。

田植えこそしていないが、既に水のはってある状態であった。

数名の子供がフェンス越しに声をかけていた。

「いけんのんよ」

「早く帰っておいで」

怒っている様子であった。

とりあえず、田んぼから彼を救出した。

足を泥だらけにしているので近くにあった水道で洗うように促した。

その間に、ボールを取るため、体育倉庫で高跳びのバーを持って再度水田に向かった。

ボールを土手に寄せてから回収した。

なぜか、私が拍手で迎えらえた。

ボールを追いかけるのが子供の自然な動きだと思う。

だけれど、勝手に学校の外に出られては困るので、安全のため指導を行った。

保健室前の水道で手や足を一緒に洗ってやった後で話をした。

「ボールが学校の外に出たときにはどうしなさいって言いましたか」

「……先生に言う……」

「先生に言いに来ましたか」

首を横に振った。

「勝手に学校の外に出たら危ないね。必ず先生に言いに来なさい」

周りにも様子を見に来た子がいたので、指導されている場面も見せなくてはならない。指導を受ける場面を見せることで、周りの子供の気持ちもリセットされる。

3　ルールの大切さを授業で教える

ルールの大切さを道徳の授業で扱った。

ドローンの映像を見せる。

子供たちは、「ドローンだ！」と喜ぶ。

「二〇一五年、長野県の善光寺というところのお祭りを撮影中に墜落しました」

（ニュースを見せる。）

「二〇一五年、一二月、スキーのワールドカップでも撮影中に墜落します」

（選手の横、すれすれに墜落する映像を見せる。）

「二つの事件を見た感想を、隣の人と言い合いましょう」

・ドローンは意外と危ない。
・もしも自分に落ちてきたら困る。
・けががなくてよかった。
・ドローンの墜落でけがをした人はいないのか。

「今日は、先生のドローンを持ってきました」

実際に飛ばせて見せた。

その場で空撮した映像も見せた。

（このパーツはなくてもよい。）

「墜落についての心配もありますが、ドローンを使うと、ほかにも心配なことがあるといわれています。相談して、ノートに書きなさい。」

・危ないものを運ぶ。
・盗撮
・人にぶつける。

これらの意見が出てきた。

「みんなの言うとおり、墜落のほかに、テロ、密輸、盗撮、スパイなどが心配されています。

つまり、『危ない』『不安』ということです。

ですから、ドローンを使うためのルールが必要だと先生は思いますが、同じように思う人」

（挙手を促す。）

「では、どんなルールが必要ですか。

近くの人と話し合ってごらん」

・飛ばしてもよい場所を決める。
・免許を持った人だけ操作できるようにする。

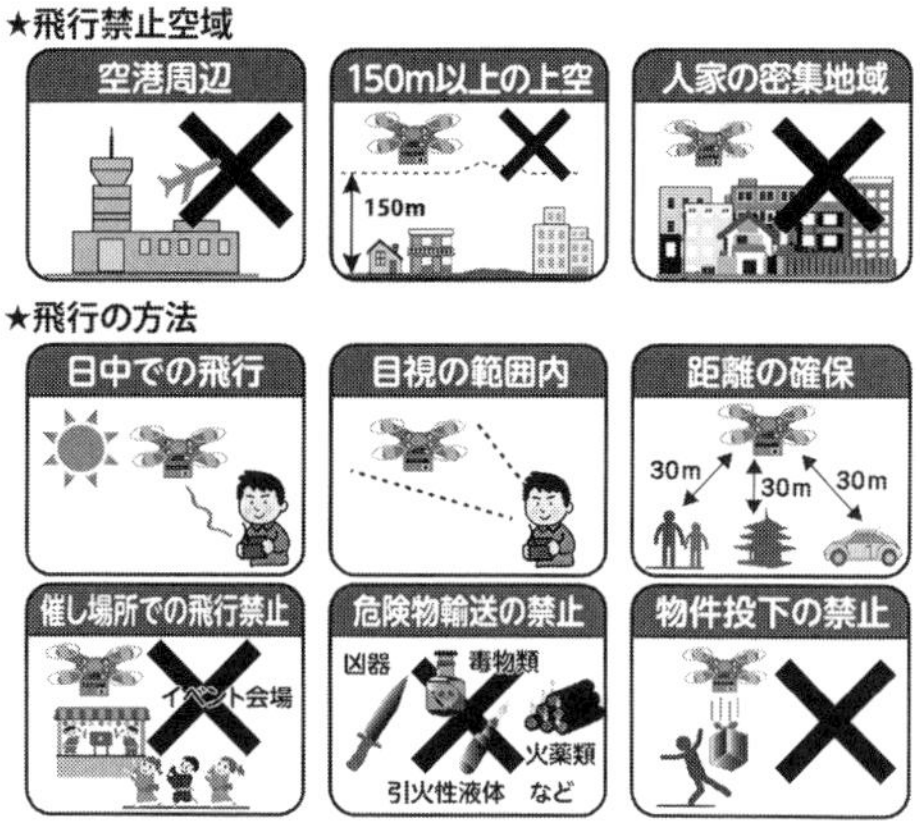

・やってはいけないことを決める。

「大人と同じ意見です。
国土交通省のホームページにきまりが書いてありました」（前ページのポスター参照）
「ところで、みんなの居るこの場所で先生はドローンを飛ばしてしまいましたが、よかったのかな」

・授業中だから大丈夫だと思う。
・まずいかも

半々ぐらいの反応であった。
「このきまりは、二〇〇g以上のドローンに当てはまります。
先生のドローンの体重測定をしてみましょう」
私の持っていたものは、五〇gであったため、法による規制対象外である。
「先生のドローンはセーフです。
でも、本当にいいのかな。

先生のだったら、飛ばしたい放題だよ。

そして、撮り放題だよ」

そうして、さらに投げかけた。

「きまりは、このままでいいと思う人（挙手を促す）」

（ほとんどいない。）

「もっと厳しくした方がいいと思う人」

（多くがこちらに賛成した。）

「ルールを厳しくすることを『規制』といいます。

規制について調べてみましょう」


「世界で最初の自動車、蒸気自動車です」

（写真を提示する。）


「最初の自動車なので何もルールはありませんでした。

この蒸気自動車は時々事故を起こしました。

やっぱり『規制』が必要です。

皆さんだったらどんなルールを作って規制しますか。

話し合ってみましょう」

・スピードを制限する。
・走る場所を決める。
・事故を起こしたら捕まえる。
・歩く人の場所を変える。
・免許を取った人しか運転出来ないようにする。

「この時に、最初に決まったことは、走ってよい速さ『制限速度』を決めることでした。制限速度を時速何キロぐらいにするとよいですか。

因みに、ウサイン・ボルトはおよそ時速三六kmです。勘でいいから、ノートに数字を書きましょう」

分布を確認すると、ほとんどの児童は時速四〇～五〇kmという意見になった。

「正解は、……時速三kmです」

子供たちはどよめいた。

「人が普通に歩く速度が時速四kmぐらいです。つまり、人が歩く速さより早く走ってはいけないことにしたのです。このきまりについて感想を言い合いなさい」

一分ぐらい言い合わせたところで発表させた。

・時速三kmでは、車の意味がない。
・厳しすぎる。
という意見が大半を占めた。

なかには、「命を守るためには仕方がない」という意見もあった。

「当時の人たちも、皆さんと同じことを考えました。

速く走れないなら、あっても意味がないじゃないか。

ということで、車の開発をする人がものすごく少なくなりました。

このきまりのせいで、車の進化が二〇〇年分遅れたともいわれています。

『規制』を厳しくしすぎると、科学や社会の発展の邪魔になってしまうこともあります」


「ドローンに話を戻します。

ドローンには得意なことが主に二つあります。

一つが、『撮る』。

そして、もう一つが『運ぶ』です。

この二つの得意技を使って、人の役に立つことはできませんか。

話し合ってみましょう」

・被災地に物を届ける。
・お年寄りに荷物を届ける。
・交通の便の良くないところに荷物を届ける。
・人の代わりに荷物を届ける。
・マンションの高い所に商品を届ける。
・事故現場の様子を撮影する。
・人が簡単に行けないところを撮影する。
・映画やドラマのシーンを撮影する。
・災害のあったところを空から撮影する。
・ニュースの映像を撮影する。
・遊んで楽しむ。
・監視に使う。
・犯人を追いかける。
・行きたい場所の安全確認をする。
・観覧車に取り残された人に食料などを届ける。
・木から下りられなくなった猫を助ける。
・航空ショーを行う。

・レースをして人を楽しませる。
・急病の人に薬を運ぶ。
・忘れ物を取ってきてもらう。
・木や、屋根に上がったボールを取ってもらう。
・運動会の様子を撮影してもらう。

子供ながらに多様な意見を出してくる。

「ものすごく素敵な意見が出ました。

すべて、ドローンを有効に使えそうですが、先生が見つけることができたものを紹介します」

ネットで見つけることができた動画を紹介した。

1　噴火のガスで立ち入り禁止の場所を撮影したニュース
2　花火大会を上から撮影した様子
3　溺れかけている人に浮き輪を届ける様子
4　田に農薬を散布するドローン

「日本で作られている米の半分は、ドローンの農薬によって守られています」

五年生の教科書にも載っているので、「そうだった！」と思い出す子供もいた。

「ドローンは、人類にとってとても便利なものなのです。

しかも、ドローンは、世界でおよそ八兆円も売れています。

もう一度聞きます。こんなにも便利で、もうかるドローン。

もっと規制した方がいいですか。

それとも、少しきまりを緩めた方がいいですか」


私のクラスでは、緩める派が少しいた。


「きまりを緩めることを『緩和』といいます。

きまりは厳しくするだけでなく、緩くしていくことも考える必要があります。

規制するか緩和するかは画面に示してある四つの見方『安全か』『不安ではないか』『お金はどうか』『便利か』で考えることができます。

では、この四つの見方を使って、世の中のいろいろな出来事を考えていきましょう」

「インターネットで『お坊さん便』という商品が売っています。

お葬式や法事などの時、お坊さんをインターネットで注文します」


このことについて感想を聞くと、ほとんどの子供が、

「お坊さんをインターネットで注文するなんてあり得ない」と答えた。

山間部の学校なので都市部の子供とは意見が異なるかもしれない。

一部、

「実際に起こっていることなので必要なのだと思う」

という子供もいた。

こういう見方ができる子供は大切だと思う。

「お寺に知り合いのいない人は、とても助かっているそうです。

また、値段がはっきりしていてわかりやすいという意見もあります。

さらには、お寺の方の収入にもつながります。

『お坊さん便』は○ですか×ですか」

この説明で、分布が大きく変わった。

「全日本仏教会理事長の斎藤明聖さんは、次のように言っています。

『宗教を商品にすべきではない。禁止した方がいい』

斎藤さんは『四つの見方』のうち、どれで考えていますか」

子供たちからは、「危ない」「不安」「お金」の三つが当てはまるという意見が出た。

「きまりを厳しくする『規制』をするのか、自由にできるようにきまりを『緩和』するのかを決めるときには『四つの見方』を知っておくと考えやすくなります」

「この『四つの見方』を難しい言葉に直すと次のようになります」

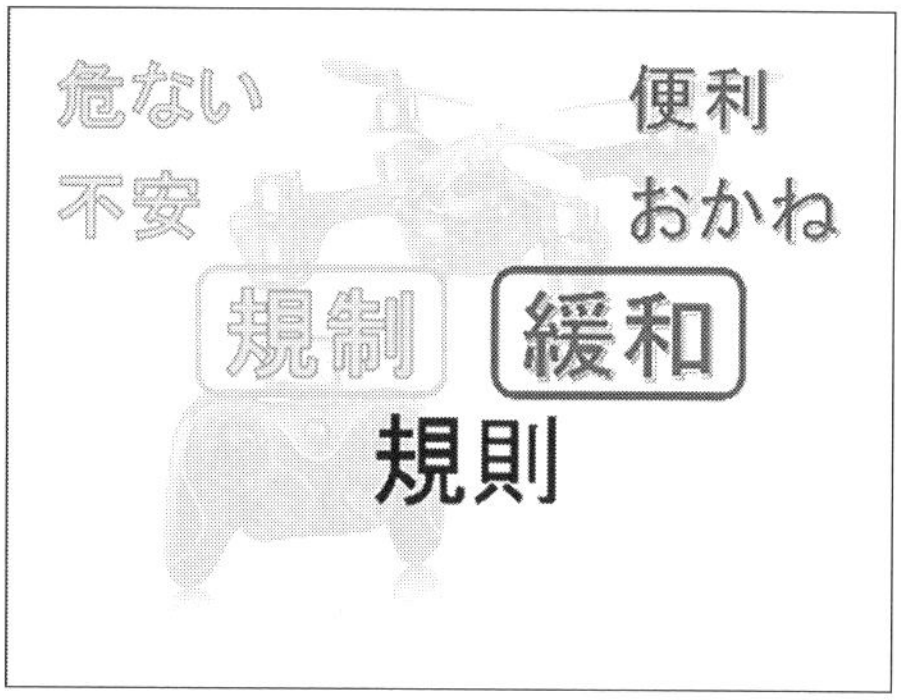

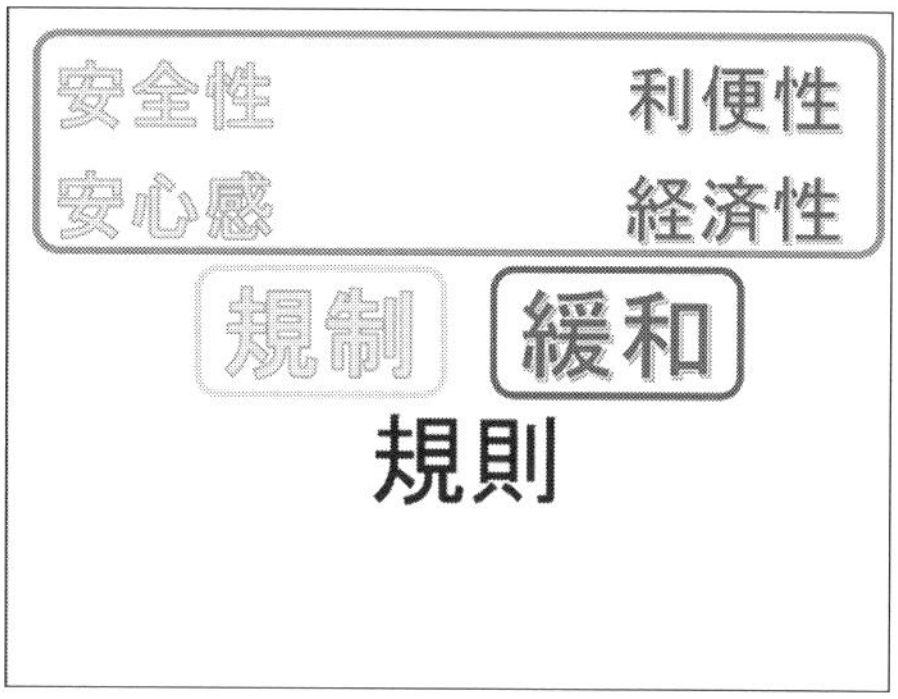

それぞれ、読ませた。

「学校のきまりも、ほとんどこの『四つの見方』で決まっています。クラスの話し合いや、学校の話し合いもこの四つで考えていくと、よりよい話し合いとなります」

そして、子供に感想を書かせ発表させた。

・きまりは、めんどくさいものだと思っていたけど、みんなを守るためには大切なんだと思った。

そして、四つの見方で考えることで、きまりについてより深く考えることができると思った。今度の話し合いの時には四つの見方を考えながら話をしたい。

・今までは、なにか困ったことがあればきまりを厳しくすればいいと思っていたけど、厳しくすれば不便になることもあるのだと思った。よく考えると、きまりが厳しすぎるのは、自分自身も嫌だと思う。

・きまりがこんな風に、よく考えられて作られていることを初めて知った。きまりなんか無くなればいいのにと思うこともあったけど、やっぱりみんなを守るためには必要だと思った。これからは、きまりの意味をよく考えてみたい。

・ろうかを静かに歩くというきまりも「安全」「安心」では大切だけど、急ぐときや、友だちと話したいときには不便なきまりだと思った。完ぺきなきまりをつくるのは難しい。

「きまりは、厳しく『規制』した方がよいこともあれば、『緩和』した方がよいこともあります。もちろん、いまのきまりがちょうどよいこともあります。みんなが、今日考えたように、時々、きまりの意味を考えてみると、学校の生活がよりよくなるかもしれませんね」

第二部　なぜあの子は「友だち」が出来ないのか

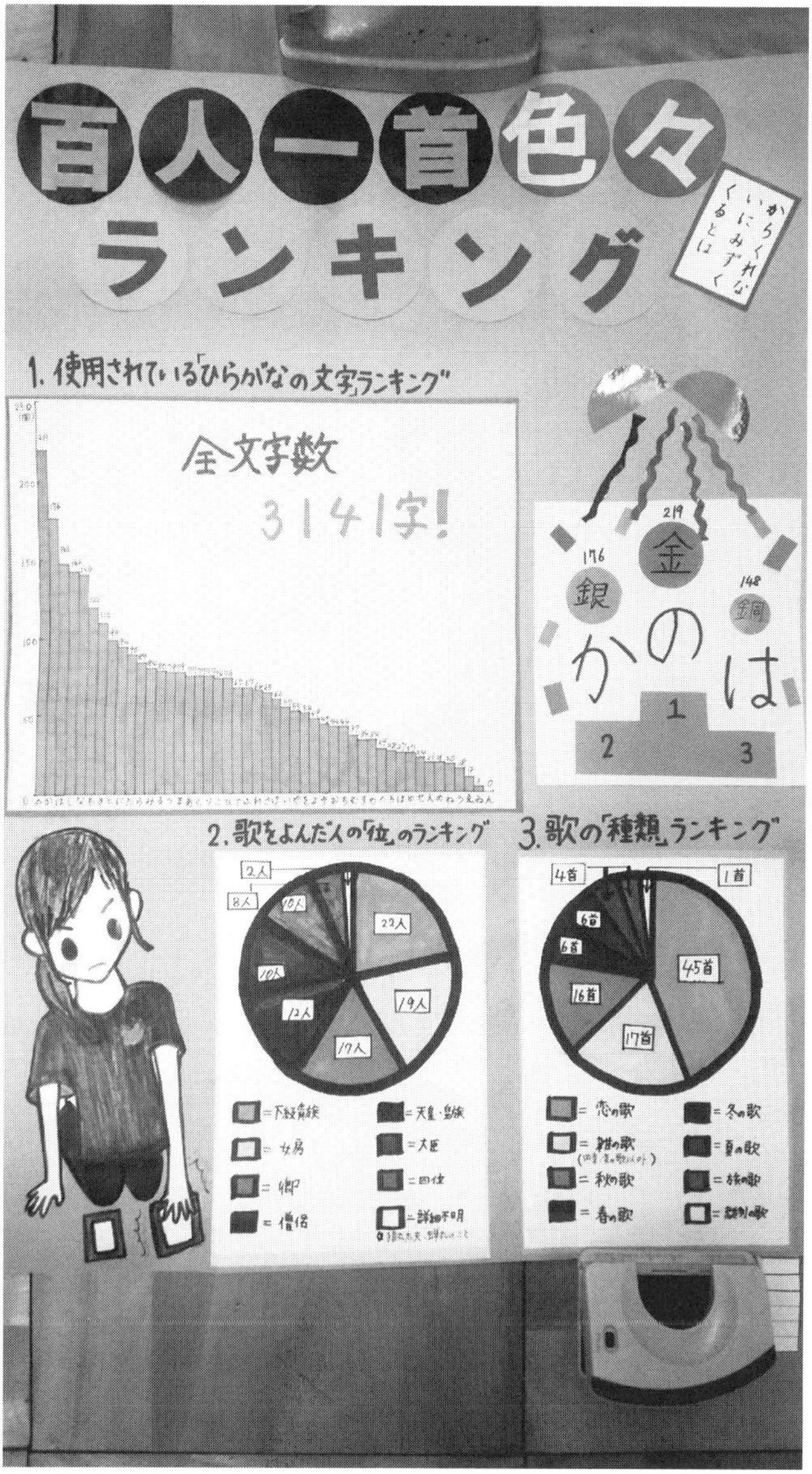

5章 泣いている子供は避けられる？
～避けられる前に教師がしっかりとフォローする～

学校で、つい泣いてしまう子供と出会うことがある。

誰にでも起こりうることではあるが、泣くことが日常化すると、友だちから「面倒なやつだ」というレッテルを貼られかねない。

1　自己肯定感のものすごく低い高学年男子

そんな高学年の子供を担任した時に、こんなことを教えてくれた保護者がいた。

「うちの子が言うんですけどね。〇〇君、いつもは、いいんだけど、すぐ泣くからどうしていいかわからないそうなんです。泣くと、先生に呼び出されて怒られることもあるし。だから、できれば一緒にいたくないって言うんですよね」

それまでの教師の対応もよくなかったのであろう。教師の前で口にはしないが、「面倒な子」というレッテルが貼られてしまっていた。

自己肯定感がものすごく低い子供であった。

勉強はクラスでもトップクラス、運動もできる方であった。

しかし、彼は友だち関係がうまくいっていなかった。

友だちの成功や褒められたことを、素直に一緒に喜んであげることができなかった。

また、少し失敗すると泣いて固まってしまうのである。

そうなると、何を話しかけても「嫌だ」と駄々をこねるようになる。

若かった私は、イラっとしてしまう。

そういう微妙な感覚を子供は読み取ってしまう。

「先生もどうせ俺のこと面倒だと思ってるんだ」

ドキッとする。

まさしくそう思っていることを指摘された。

「自分なんていなくてもいい」

「みんな嫌がってるんだ」

「自分なんて転校した方がいい」


よくこんな言葉を漏らしていた。

校長、教頭をはじめ、生徒指導主任にも相談し、他の先生方にも状況をお知らせしながら、全校体制で対応した。

具体的な状況をいくつか紹介する。


リコーダーの技能をチェックした。

得意、不得意が出やすい学習なので、難易度別にコースを分けチャレンジタイムを設けた。

一小節ごとにチャレンジしたいコースを選んで一人ずつ演奏する。リコーダーが苦手な子供は、一小節だけ演奏する。

このチャレンジタイムで、彼は一曲全部演奏するコースを選んだ。

リコーダーは比較的得意なのだ。

スムーズに演奏が進んだが、あと少しで演奏が終わるところで、少し音がひっくり返ってしまった。

そのまま演奏しきってしまえばいいのだが、演奏をやめてしまった。

そして、涙が出てきた。

「最後まで行けるかな」

と声をかけたが、静かに泣くばかり。

座らせて、次の子供のテストを開始した。

授業が終わるまで泣いていた。


その子は、中学年のころは、威張っている存在で、自分の言い分を通してきていた。

子供たちの言葉を借りると「わがまま」であった。

特に、おとなしい子には強い態度で接していた。

体力テストで五〇m走をした時のこと。

彼が途中で諦めないように、前年度の記録を参考に、一緒に走る子供を決めておいた。

しかし、スタート担当の先生が、出席番号順に並べ替えてしまった。

スタートして間もなく、彼は遅れ始めた。

先に事情を説明しておけばよかったのだが、気が付いた時には手遅れ。

三〇ｍを過ぎたあたりで泣き出し、そのままドロップアウト。

保健室に向かっていた。

結局、記録は取ることができなかった。

終了後、更衣室で着替えていると、子供たちが職員室に飛び込んできた。

「先生、〇〇君（当該児童）と□□君がケンカしています」
□□君とは、ものすごくおとなしい子で、〇〇君に幼稚園の頃から意地悪をされていたらしい。聞くと、五〇ｍ走で負けてしまった腹いせに、〇〇君は□□君にいちゃもんをつけたらしい。
「お前のせいでこんなことになったんだ」

という内容のことを言ったらしい。

いつもなら、言われっ放しの□□君は、たまりかねたらしく、激怒して言い返した。

「なんで、そんな言われ方しなきゃいけないんだ」

「お前が途中であきらめたんだろ」

「人のせいにするな」

ということを、ものすごく怒って言い返した。

殴り合いこそなかったが、私が到着した時には、□□君が顔を真っ赤にして、〇〇君を攻撃していた。

それまでは、ストレスのはけ口にしていたのに、思わぬ反撃を食らって立場が逆転した。

○○君は圧倒的に弱い立場に追いやられてしまった。
また、○○君は、学校に来るとトイレにこもるという行動に出る時期があった。

うまく考えたなと思った。

学校で鍵をかけてこもることができるのはトイレである。

朝、教室に上がると、子供たちが知らせに来る。

「先生、○○君が、泣きながらトイレに駆け込みました。鍵をかけて出てきません」

声をかけてもしばらく反応がない。

「どうした？　何か困ったことがあったか？　そのままでいいから、お話聞かせて」

すると、鍵が開き、スーッと五cmぐらい扉が開いた。

「奥田先生でよかったら、嫌だったこと教えてよ」

彼は、個室からそっと出てきた。

「誰かに何かされた？」

しばらくして、声を発した。

「髪を切ってきたのに、誰も何にも言ってくれなかった」

とっさに応えた。

「あ、それ、よくあるやつだ。

特に男は髪のことを話題にしないんだよね。

先生もね、奥さんによく叱られるんだ。

『前髪切ったの気が付かないの』

って。

娘にも、

『お父さん、なんか気が付かない』

って言われてやっと、

『髪切ったでしょ！』って言うんだ。

だけど、『遅ーい』って叱られるんだよね」

うつむいたまま話を聞いていた彼はゆっくりとした歩調で教室に向かった。

教室に向かいながら、声が彼の心に届くかどうかわからなかったが話しかけた。

「人によって、嫌だって思うことは違うからね。

気が付かないこともあるんだよ。

今度から、嫌だなって思ったら、先生に相談においで」

反応するでもなく、朝読書をしている教室に入っていった。

朝は彼より早く来て教室にいようと決心した。

その日以来、子供が登校する前に教室にいることにした。

マイナス思考に取り込まれている時には、時間をかけるしかなかった。

先輩の先生から教えてもらったことは、調子のよい時に関係をしっかり作っておくことが大切だということだった。

それまでの私は、休み時間はほとんど職員室でお茶を飲んでいたが、努めて子供と一緒にいるようにした。

その子は、私が一緒にいれば、本で読んだことやテレビで見たことを話してきた。

一緒にいれば、ご機嫌であることが多いので、問題行動は激減した。

もちろん、その後もトラブルはあった。

そのたびに
「大丈夫、先生が一緒にいてやるから」

と励ました。

家でも、叱られることが多いらしく、せめて学校にいる間は「自分が素晴らしい」ということを認めさせてやりたかった。

事実、彼の能力は高かった。

彼は、人前に出るのは積極的な方だった。

代表の挨拶は失敗すると涙してしまうので、失敗しないよう事前に何回も練習をした。

また、失敗した時のことも想定して、乗り切る方法も教えておいた。

一月のある日、その子は、少し熱が上がり、調子が悪くなった。

次の朝、登校していなかった。

通院してから、登校を検討するという電話があった。

通院後、電話があった。

・インフルエンザではなかった。
・休ませようと思ったが、本人が学校に行きたがっている。
・微熱はあるが、行かせてよろしいか。

という内容。

管理職、養護教諭が諾の判断。

私も、嬉しくなった。

四月はその子と、他のみんなとの大きな溝を感じた。

でも、今は一緒にいる友だちがいる。

友だちが子供にとって大きな存在であることを、改めて実感することができた。

調子があまりよくなかったはずだけれど、笑顔で過ごすことができた。

三学期には、先輩の先生から
「〇〇君、最近笑顔が増えてきたね。友だちとも仲良く過ごしてるみたいじゃない」

と言ってもらえた。

その子の自己肯定感を上げるための取り組みで、私自身の自己肯定感が高まった。

自分では気付けなかったが、先輩にそう言われてみると三学期にはほとんどトラブルはなくなっていた。

「転校したい」

「受験をして他の学校に行く」

と言っていた彼も、卓球部に入りたいと、友だちと一緒の中学校に進学することに前向きになっていた。

卒業式後の運動場でのお別れ。

男子が集まってきて私を胴上げしてくれた。

その輪の中に彼がいてくれたことがうれしかった。

その後、何人かこのような子供に出会ってきた。

この時に彼に出会っていたおかげで、どの子にも誠実に接することができるようになったのではないかと思う。

2　基本的によく泣く一年生

低学年の児童は高学年に比べてはるかに泣いてしまう。

一年生の様子を紹介する。

入学後一週間。初めての給食の日の朝、子供たちの話題は当然、給食の内容である。

「今日は、カレーでしょ」

「カレー大好き！」

「先生もカレー好き？」

こんな会話が教室でされていたとき、廊下で人だかりができかかっているのが眼に入った。その中心にいるのはうちのクラスの子、Aちゃんである。

私が近づいていくと、お姉ちゃんに連れられてAちゃんが泣き顔で入ってきた。

お姉ちゃんに話を聞いてみると、

「給食が嫌だって言っています」

そういう子もいるだろうと予想はしていた。しかし、朝から泣いているとは、よほど不安だったのだろう。

「いいんだよ。食べなくったっていいからね」

となだめる。

するとこっくりうなづいた。ようやく教室に入る気になったようである。手をつないで席まで連れて行く。心配した友だちが片づけを手伝ってあげる。

とりあえず距離をとってみることにした。

いったん授業が始まってしまうと、朝の様子がうそのようである。いたって普通に過ごしていた。休み時間もひざに乗りにやってくる。このように甘えんぼさんである。

他にも給食が不安でいる子がいるだろうなぁと思った。

そこで、

「給食が少し不安な人いませんか？」

と訊いてみた。

すると、四人の手が挙がった。

「そうだよね。初めてのことって心配になるよね。初めてなんだから、食べられなくってもいいよ」

雰囲気が暗くなっては、不安な気持ちが伝播してしまうので、反対も訊いてみた。

「給食が楽しみな人はいますか？」

ほとんどの子供が手を挙げる。

「今日は、カレーだよね。カレー、好きな人！」

泣いていた子もカレーは好きらしい！

「だれだって、得意なこともあれば、苦手なこともあるからね。困ったら先生に相談するんだぞ」

このようにして給食を迎えた。

さて、朝泣いていたAちゃん。カレーということもあってもりもり食べた。朝の不安はどこへやらである。（サラダは少し残ったけれど）カレーはすっかり空っぽになった。

給食が不安で学校に来られなくなる子も少なくない。人間の味覚の発達上、小学生に苦手なものが多いのは仕方がないそうである。まして低学年は食に対する経験も多くない。一年生などは、給食が初めてなのだから、初めて見る物も出てくるだろう。私たち大人だって、初めて食べる物に対しては不安が生じる。だから、不安な気持ちをそっと取り除いてやる必要がある。

「食べなくてもいい」と言ったって、周りの子が食べていればその雰囲気で食べてしまうものである。

本当に食べられなければ、食べられませんと言わせればよいのである。食べ物を大切にするという観点ももちろん蔑ろには出来ないが、いろいろな経験をさせてあげるのも一年生担任の役割である。

わが子の保護者として、地区の立哨当番が回ってきた。新学期二日目である。妻は仕事の長期研修で二週間不在。わが子を保育園に連れて行き、立哨当番に向かう。

子供たちとあいさつを交わしながら、一年生の教室を思い浮かべ様々な不安が頭をよぎる。

「けがをしていないだろうか」

「けんかをしていないだろうか」

「泣いている子はいないだろうか」

子供たちにはまだ一回も朝の過ごし方を教えていない。

ほぼ全員が登校し終わっている八：〇五に学校に到着。

職員室に荷物を置いて、取るものもとりあえず教室に急ぐ。焦りを抑えつつ笑顔であいさつ。

「みなさん、おはようございます！」

(もしかしたら顔が引きつっていたかも……)

「おはようございます」

「先生、おそーい」

笑顔で迎えてくれた。

「ごめんね、今日は交通安全の当番だったんだ」

「わたし、出会ったもんね」

「ぼくも」

という会話が交わされた。

二五名中、二四名がそろっていた。ランドセルを机に置いて、お利口に席に座っていた。

（じっと座って待っていたのか。さぞかし退屈だったことだろう。）

「ランドセルを置く場所を作るために、ロッカーの荷物の場所を変えるね」

と説明が終わったところで、B君が泣き始めた。大号泣である。最初、理由がよくわからなかった。

「どこか痛いの？」

首を横に振る。

わからないまま焦りつつも、笑顔で、

「うんうん、何か嫌なことがあったの？」

と何回か聞いてみた。やっと聞き取れる声で。

「……さびしかったの……」

びっくりした。こんなことが本当に起こるんだと。向山洋一氏の著書の中にもこのような場面が紹介されていた。その場面を思い出し、抱っこしてやった。

「ごめんね。さびしかったね」

「今から帰るまでずっと一緒だからね」

と励ましていた。クラスのみんなが見ていた。

B君が少し落ち着いてきたので授業を開始した。

一日を過ごしているうちにB君もだんだん調子を取り戻してきた。音楽の授業では歌も歌った。休み時間も一緒に転がしドッジをした。帰りには送っていくのだけれど、たまたま一緒の方向だったので、手をつないで帰った。

最後には、

「先生、また明日ねー！」

と手を振りながら去っていった。

〝さびしい〟ってことが本当に起こることを体感した。

今思えば、申し訳ないことをした。予めわからなかったが、前の晩、当番がわかった時点で誰かに教室に居てもらうよう頼んでおけばよかった。反省である。


一年生の中にはいわゆるマイペースな子供がいる。わが子の家での様子であれば、手伝ってやるなり、叱るなりするのだけれど、学校ではそういうわけにはいかない。

そうかといって、放っておくわけにもいかない。

一学期はマイペースな子供を待ちながら時間を埋める作業を工夫していた。

褒めながら、そして、詰めながら子供たちの作業速度はだんだん上がっていった。

学校生活にも慣れてきた二学期中盤から、待つことを極端に少なくしていった。

例えば給食当番の出発。

四時間目が終わって、給食の準備を始める。

給食当番は着替えを始めている子供もいれば、まだ、机にナフキンを敷いている子供もいる。

二分後ぐらいにドアの前に立ち、

「給食当番出発三〇秒前です」

と宣言する。

「二九、二八、二七……」

早く準備をした子供たちは嬉しそうにカウントダウンをしている。

カウントがゼロになると同時に出発。もちろん間に合わない子供も数名いる。

しかし、出発する。

このようにしていると、準備片づけが半分ぐらいの時間で済むようになる。

さて、こんな調子で、授業も始めてしまう。

ねんどをして遊んでいる子がいても始めてしまう。

このようにしていると、子供は成長するのだけれど、泣き出してしまう子供もいる。

体育から終わってから、次の時間が始まるまで一〇分間とるようにしていた。

着替えの手順などはすでに指導しているので、私も着替えて給水を済ませ、教室に向かった。

すると、着替えが終わっていない子供が三名いた。

始業のチャイムが鳴り、漢字スキルを始めている子供を褒めた。

着替えていない子供たちも次第に追いついてくる。

しかし、最後の一人が泣き出した。みんなに置いていかれた気分になったのだろう。

この場面では、そっとしておいた。

これが入学したばかりならば話は別である。

また、特別な支援を要する子供にも通用するとは限らない。

しかし、二学期も中頃。いつまでも甘やかしているわけにはいかない。慰めたって、叱ったって子供の動きは変化しないこともある。

そんな時には、そっとしておくというのも一つの手立てである。

もしかしたら、周りの子供が、

「先生、〇〇くんが泣いています」

と、報告するかもしれない。

そんな時には次のように言う。

「大丈夫、〇〇君は自分で追いつけるから」

みんなに聞こえる声でその子供自身に乗り越えさせるんだということを宣言する。

泣いていた子供は、いつまでも泣いているわけではない。

すぐに泣き止んで、行動を再開する。そして、しばらくして追いついてきた。

優しい対応は必要であるが、時として子供の持っている力を信じて待つことも必要である。


朝から女の子が泣いている。

登校しぶりの傾向のある子供である。

授業が始まると気持ちが紛れたのか、その後、午前中は何事もなく過ぎた。

しかし、給食前からまた、涙があふれ出た。

（嫌いなものがあるのだろうか。無理やり食べさせることはしていないのに……。）

給食は保健室で食べることにした。

泣き疲れたのか、昼休み、掃除、五時間目と保健室で熟睡していたようである。

お母さんに電話で状況を伝えた。

聞くと、掃除が原因ということがわかった。

前日から縦割り掃除（他の学年と班をつくり、そのメンバーで掃除をすること）が始まった。

彼女の掃除場所は六年生男子と二人組。

ほとんどやり方を教えてもらえず、何も出来なかったとのこと。

掃除の担当の先生は、見ていなかったらしい。

次の日は、私が一緒に掃除場所に行くことにした。

管理職、養護教諭、生徒指導主任に加え、掃除の担当と、六年生の担任にも事情を説明しておいた。

それにしても、掃除が原因で泣く子供は初めてだった。

不安材料はいろんなところに隠れているものである。


女の子が転入して来た、その次の日のこと。

学校に来ていない。

連絡帳も届いていない。

電話連絡もない。

焦る。

ドキドキしたが、始業ぎりぎりに教室に入ってきた。

他の子が算数ボックスやねんどをして楽しんでいるなか、一緒に朝の準備をする。

連絡帳を確認すると、学校に来ることを渋ったことが書いてあった。

二時間目が終わるまでずっと目を腫らしていた。

「帰りたい……」

しゃくりながら訴えてくる。

「うん、うん、さびしいね」

と言いながら、作戦を練る。

とりあえず授業には参加してくれているのでほっとした。

休憩時間、その女の子を交えて話をした。

A「先生、手をつめちゃった。指がいたーい」

私「よしよし、見せてごらん。そういう時には、指をぴんと伸ばして、〇〇ちゃんの鼻に……ずぼっ！」

（もちろん、ふりだけ）

こんなことをしているうちにだんだん笑顔になってきた。

三時間目にも、もう少し泣いたけれど、昼休みには友だちと学校探検に出かけて行った。

外で遊んでほしたかったが、今日はよしとした。

寂しい気持ちを紛らせてくれるのは友だちである。

一緒に行動する友だちが出来て次第に涙は減っていった。

教師の対応も子供にとっては大切ではあるが、友だちの存在にはかなわない。

3　高学年男子の意外な涙

修学旅行の準備をしていた。

多くの児童の最大の関心事はグループ決めである。

一泊二日、大人から見ればわずかな時間を共に過ごすだけである。

しかし、子供からしてみれば一生に一回の最大イベントのように感じるのであろう。

「先生、グループはいつ決めるんですか」

「グループはどうやって決めますか」

「一グループ、何人ですか」


修学旅行の準備を始める前からこのような質問が多くされる。


「まだ検討中です」

「他の先生方と話し合って決めます」

「皆さんの心の成長によりやり方を決めます」


とりあえず、いなしておく。

同学年の先生方と話し合い、子供たちの希望を中心にグループを決めさせることにした。

トラブルが起こる危険性がものすごく高いので、事前に十分に注意をしておいた。

①　宿泊を伴うので、男女別のグループをまず作る。
②　希望が重なった場合はじゃんけんで決める。
③　話し合いでは決めない。
④　じゃんけんに参加したら途中棄権しない。
⑤　じゃんけんで勝った場合も棄権出来ない。
⑥　後で、男女一グループずつ合体し班を作る。
⑦　男子は一組だけ三人、女子は一組だけ四人組ができるので、その人数のグループになったら必然的に班が決まる。
⑧　他のグループはお互いに誘い合って班を作る。
⑨　決まった後は、変更はしない。
⑩　思いどおりになる人がいるということは、思いどおりにならない人がいるということなので、周りの人を思いやること。
⑪　だれと一緒になっても協力できるようになることが目的なので、決まったグループには不満を言わないし、ふてくされない。
⑫　希望どおりになったとしても、もめることはある。そういう場面を何度も見てきた。
⑬　逆に、希望どおりにならなかった人が楽しい経験をした場面も何度も見てきた。
⑭　再度確認したいことは、相手を思いやり、協力する気持ちを大切にしてほしい。それが、お互

いに修学旅行を楽しいものにする大切な心構えである。

くどいようだが、考えられるトラブルを事前に予防しておくことは、子供たちを守ることにつながる。

①⑥⑧は、グループ決めをスムーズにするためである。最初から男子四人女子三人の七人班を作らせると混乱を生む。
②③は、立場が強い者がわがままを通してしまう危険性を予防するためである。
④⑤⑨は、決まったグループメンバーを見て離脱するトラブルを避けるためである。
⑦は人数の関係でそうならざるを得ないことを事前に知らせておくことで、不満が出ることを防いでいる。
⑩以降は、目的の共有であり、教師の願いである。
私は印刷して子供たちに配付した。

グループ決めでトラブルをたくさん経験しているクラスは、

「先生が決めてください」

ということもあるぐらいなので、規制で子供たちを安心させることが目的である。

この提案に対して、子供からの反対はなかったので、グループ決めの時間に突入した。

なんとなくすんなり決まっていくなかで、数か所でじゃんけんをしている様子が見られた。

グループが決まったら腰を下ろすように指示していた。

一分程度で腰を下ろして談笑するグループが増えてきた。

男子のグループが最後に決定したようだった。

しかし、腰を下ろさずうつむいている男子がいる。

おとなしく、普段はあまり声を出さない子であった。

泣いているようである。

クラスの空気に緊張感が走る。

「どうしたの？　じゃんけんで負けてしまったの？」

声をかけたが反応しない。

「先生、僕が聴いてきていいですか」

一人が事情を聴きに行った。

小さな声で何かを話している。

話が終わって、聴いてくれた子が泣いていた子に確かめた。

「今の、先生に伝えていい？」

こくりと頷いた。

「先生、〇〇くん、じゃんけんで勝ったんだそうです」

勝った？

じゃあ、勝ったことで何か言われたのかな？

「それで、負けた人に申し訳ないって言ってます」

教室がどよめいた。

女子たちは、

「すごい！　めっちゃ、優しい!!」

と驚いていた。

「そうか。優しいんだね。でもさ、どのグループでも楽しんでくれると思うし、成長してくれるはずだから、安心して、あなたも頑張ればいいいんだよ」

納得してくれた。

それにしても、希望がかなわなかった友だちのことを思って涙が出るという場面には驚いた。

この場面は、卒業の前にも思い出され、クラスのよい思い出となった。

4　安心と自信を育てる「あいさつ」

全校児童が地区別に集団で下校する機会に二〜三分程度の話をすることになった。そこで、次のような話をした。

『ヒトは「いじめ」をやめられない』（中野信子著　小学館新書）では、脳内物質のセロトニンの分泌は六月と一一月に落ち込むということが書かれている。

この情報と、学校の教育目標を併せて話をした。


嫌だなあ、困ったなあ、という気持ちを、「不安な気持」ちといいます。不安な気持ちになったことがある人。（ほとんどの子供の手が挙がった。）

不安になりやすい人と、なりにくい人がいます。

でも、どちらの人も、時期によって不安の強さは変わるそうです。

最も不安になりやすい時期は、六月と一一月だそうです。

でも、大丈夫。不安な気持ちを治す薬があります。

「セロトニン」といいます。カタカナ五文字、「セロトニン」言ってごらん。


セロトニンは自分の頭の中に作ることができます。

今日は、三つ紹介します。

一つ目は、目を合わせることです。

二つ目は、声をかけ合うことです。

三つめは、笑顔です。


これを、毎日毎日できる行動があります。

何だかわかりますか。「あ」で始まる行動です。


そう、「あいさつ」ですね。あいさつは、相手を見て、声をかけ合い、そして笑顔になります。

鹿野小学校の皆さんは、地域の方からあいさつをとても褒められています。それは、地域の方もみんなのあいさつで、安心の薬「セロトニン」をもらっているからです。

いつも、みんなが安心して登校できるように見守ってくださっているのは地域の皆さんですが、みんなのあいさつも、地域の皆さんに安心の恩返しをしています。

さらに素晴らしいあいさつで、鹿野がもっともっと安心できる街にしてほしいと思います。


この話をした次の日、四年生と階段ですれ違った。私の顔を見た瞬間、にっこりして、

「奥田先生、おはようございます」

「おはようございます」

「先生、セロトニン」こう言って、会心の笑みを浮かべる。

「おう！　セロトニンたっぷりだ」こう返してすれ違った。

後から聞くと、四年生の教室では、「セロトニン」が大ブームだったようだ。

伝統的な指導に加えて、科学的な内容を話すことで、子供たちには響きやすくなる。

6章　一緒に過ごして友だちとのつながりをプッシュ
～教師が一緒だと先手を打てる～

子供たちがほしがる「モノ」。

それは、友だちとのつながりを作ってくれるツールである。

スマホやゲームも自分が楽しむためではなく、友だちとつながれるからほしいのである。

そのつながりを少し助けるということも私たちの大切な仕事であるといえる。

1　伝統文化を活用

百人一首、将棋は、子供たちをつなぐツールとして優れているが、用途はいろいろあるようだ。

百人一首をタワーにしようと考えた子供がいた。

トランプも置いてあるのだが、紙の厚みや滑りにくさから、百人一首の札の方が、人気が高かった。

高さだけでなく、デザインも多種多様であった。

百人一首をなんてことに使うんだ、と叱られそうだが、子供ってすごいと思ったので、許容した。

私が喜んで写真を撮ってやることで、公認の遊びとして子供たちの間に広まっていった。

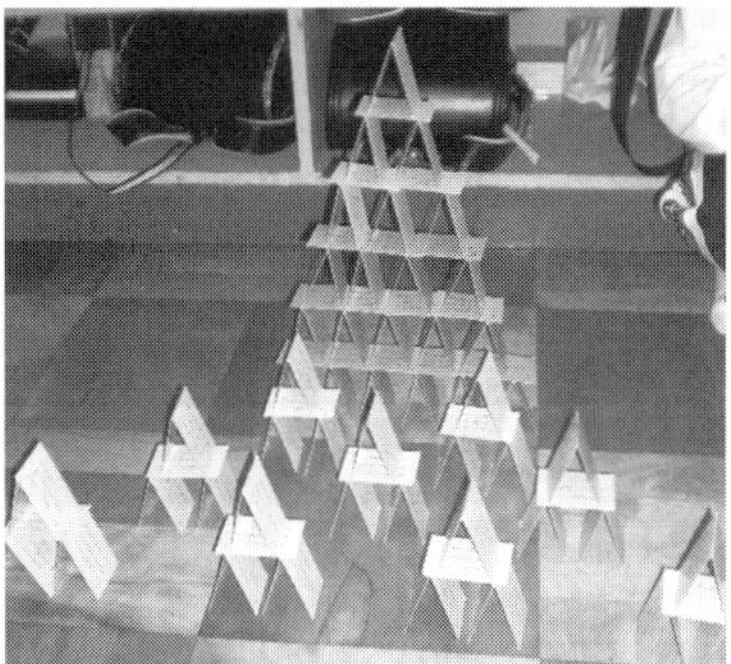

将棋では、平手の対局、山崩し、将棋倒しが一般的であるが、模様作りが流行った。

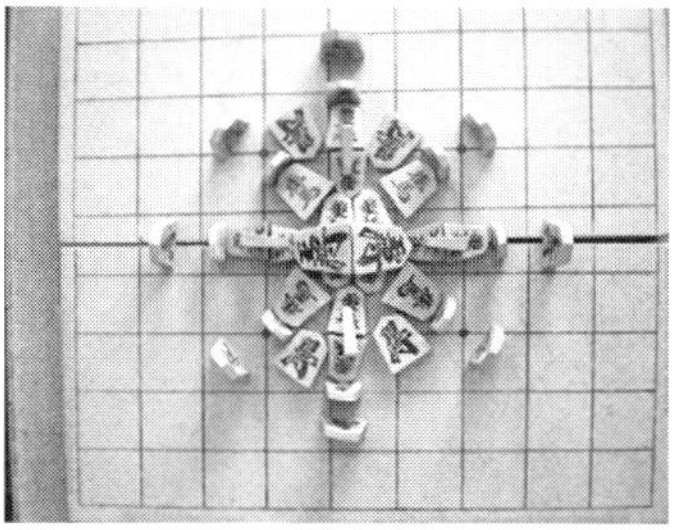

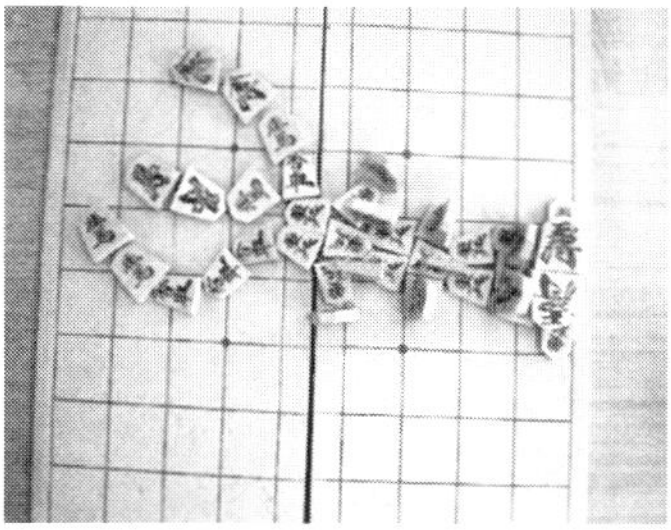

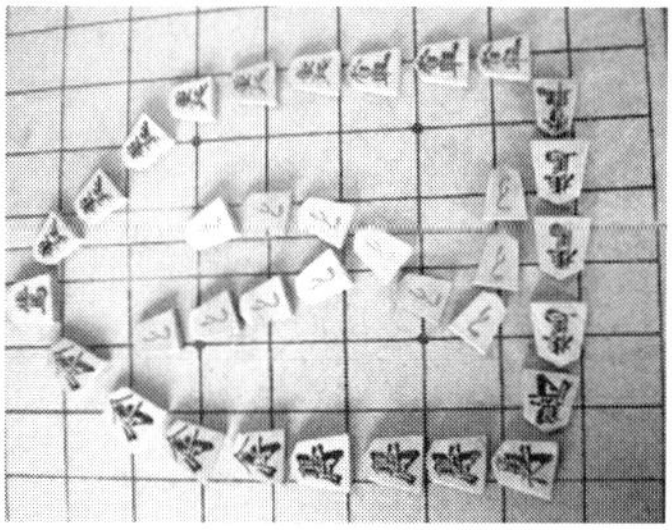

私は将棋の有段者なので、できれば本来の楽しみ方をしてほしいのだが、なんだかきれいなので公認の遊びとなった。

カメラに収めるという行為は「認められた」という気持ちになるようである。

それが広まり、つながりを作っていく助けとなる。

2　漫画が得意な子の活躍

漫画家になりたいと強く願っている子供がいた。お姉ちゃんが漫画の専門学校に通っており、憧れを抱いていた。

係活動で漫画を作り、みんなに読ませていた。

小学生にしては圧倒的な画力だったので、大人気だった。

画力が高いわけではないが、漫画が好きな友だちと一緒に活動していた。

得意なことが発揮できる場を用意することも友だちとのつながりを作るサポートとなる。

卒業間際に完成した作品は私にプレゼントしてくれた。

今はプロのイラストレーターを目指して専門の勉強をしている。

3　一〇〇点イラスト

課題が早く終わった子に一〇〇点を書かせたり、花丸を描かせたりして、時間調整する場合があるのではないだろうか。

一〇〇点をイラスト化することが流行った年もあった。

漢字の宿題や、算数のノートに描かれることが多かった。

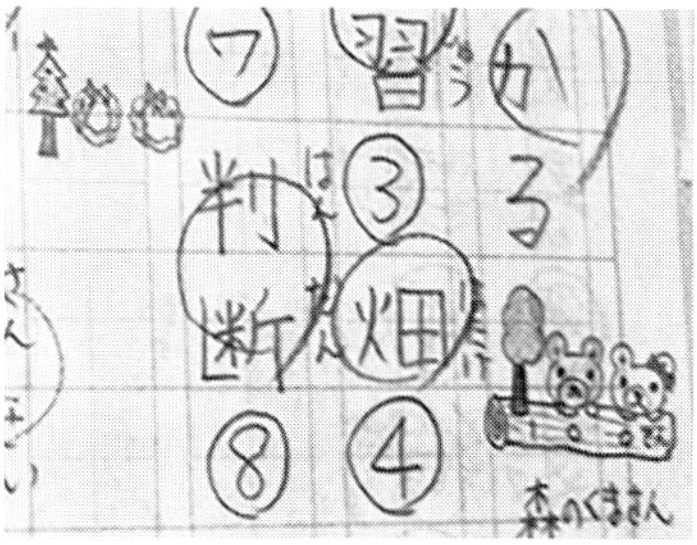

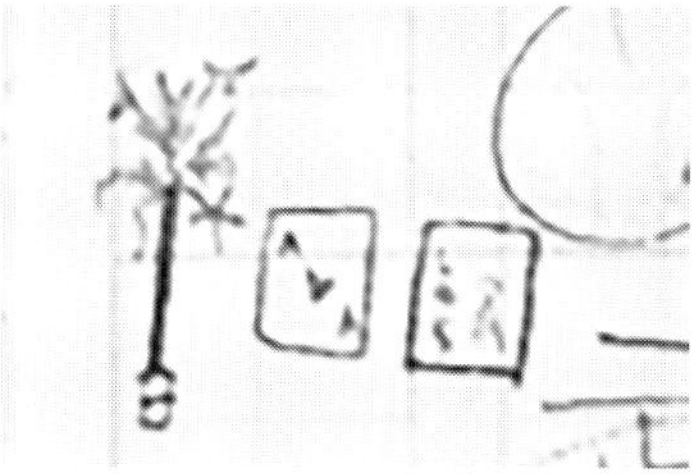

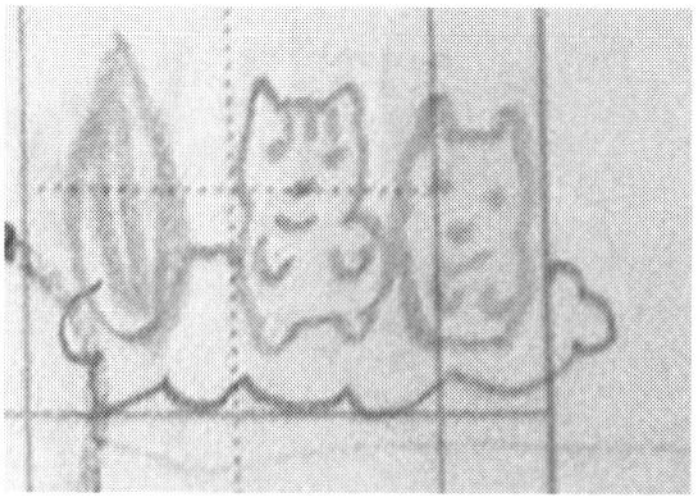

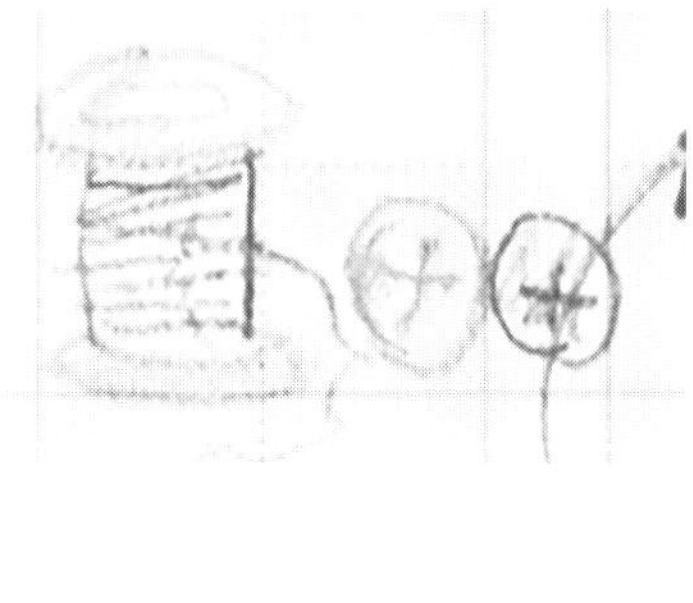

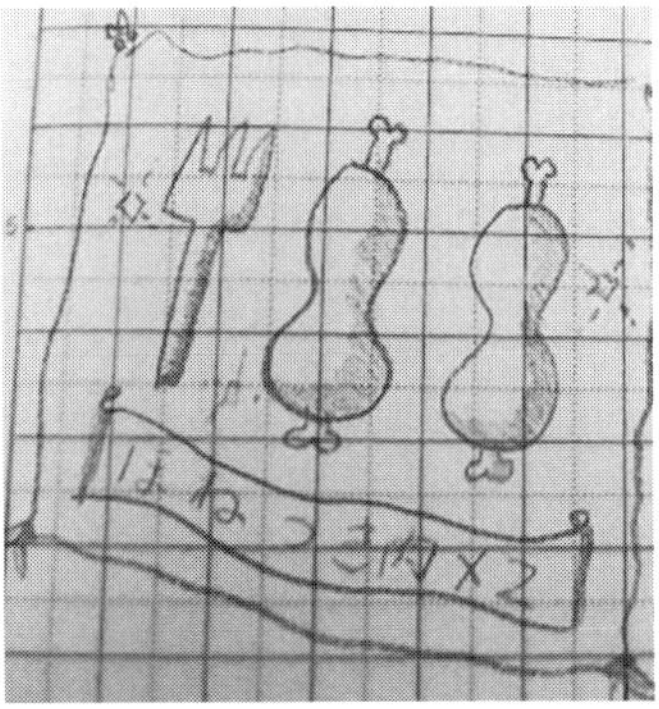
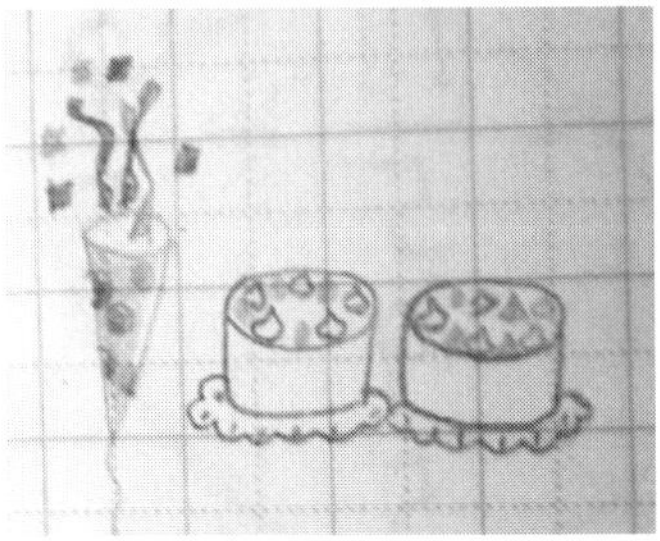
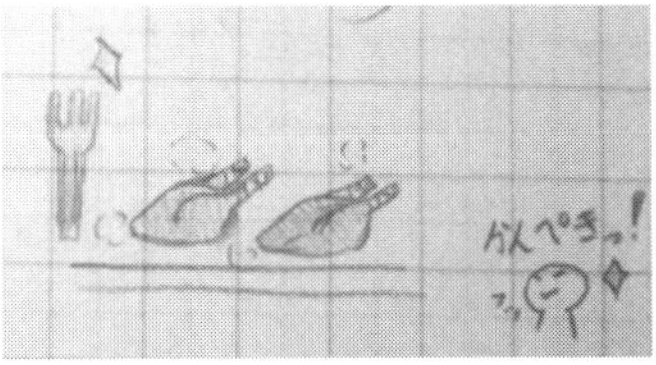

写真のノートは宿題用のノートである。
自分で一〇問テストをしてくる宿題であった。
それぞれに工夫がなされ、子供たちのコミュニケーションツールにもなっていた。

4　校長先生とトランプ

雨の日の休み時間、校長先生が校舎内の様子を見て回っていた。

それを見つけたうちのクラスの子が、

「校長先生、一緒にトランプをやりましょう」

しかも、ゲームの内容がスピード。

誘った子供の圧勝だった。

あまりにも、珍しい光景なので、子供たちが集まってきた。

二回戦とも子供の勝利であった。

誘った子供はもちろん、周りの子供も、校長先生も笑顔になった。

多くの年齢層と関わることができる遊び道具は、教室に置いておくものだと改めて実感した。百人一首、ふれあい囲碁、将棋、トランプは鉄板アイテムである。

5　人間椅子

子供たちが教室の後ろに群がっていた。

何をしているのだろうと、確認に行った。

すると、椅子を並べて円になって、みんなで寝転がっていた。

そして、椅子を一つ一つ抜いて行った。

抜いたところが崩れるかと思いきや、うまくバランスが取れて崩れないのである。

最後の椅子を抜いた時には歓声があがった。

子供はこんなことにも一生懸命になれるのだ。

安心してこんな遊びができるのも、信頼できる友だちがいるからこそである。

なんということもない遊びであるが、担任が許容し、一緒に喜ぶことでクラスの雰囲気はとても柔らかくなる。

6　読書好きの二人の活躍

読書が好きな子供は、読書に没頭する時間が多い。

そのためか、友だちとわいわい群がることをあまりしないように感じる。

そういう子供は、本の世界観を楽しんでいる。

私も本を読むことに没頭してしまう。

本を読んでいる時間はむしろその時間を邪魔されたくないものである。

しかし、そういう姿は、周りから見ると独りぼっちで浮いているのではないかと映ることがある。

読書好きな自分からすると、決してそうではない。

ただし、友だちとの関係を作れないから本に走る子供がいることも確かである。

さて、読書に没頭している子供が誤解されがちなのは、一人でいるからだ。

読書好きが二人以上いると、どうなのだろうか。

読書好き二人がいると、新しい反応が起こることがある。

次のページから掲載しているのは、読書好きの二人が発行した図書新聞である。

周りの友だちの反応は上々。

「本を読んでいるばかりだから、真面目で話しにくいと思っていたけど、すごく面白い」

ということで、この新聞は人気となっていった。気負うわけでもなく二人は淡々と新聞を発行していった。

専科の先生もこの新聞を楽しみにするようになっていった。

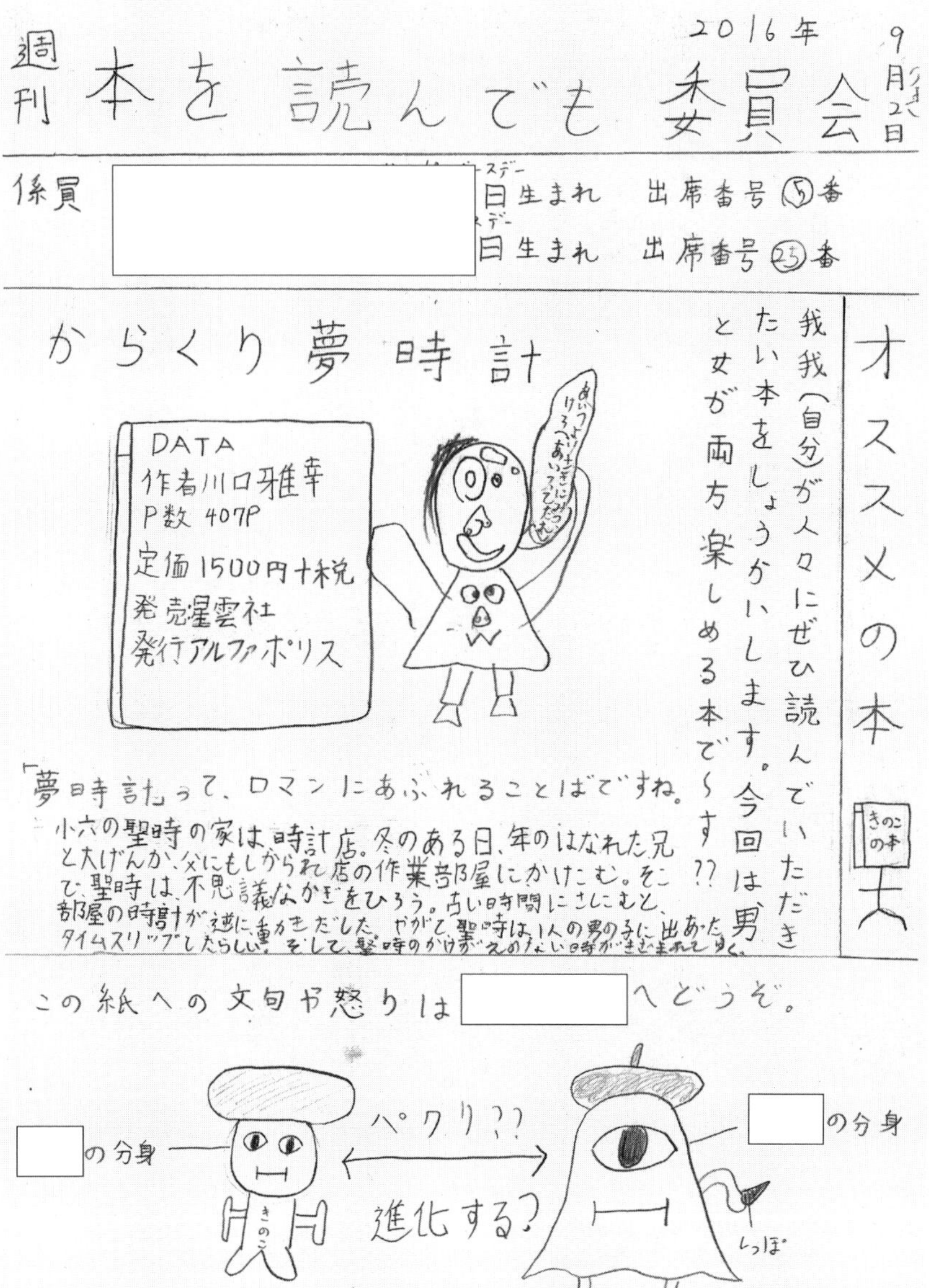
週刊 本を読んでも委員会

2016年 9月

係員 [redacted] 日生まれ 出席番号⑤番
[redacted] 日生まれ 出席番号㉓番

オススメの本

我我（自分）が人々にぜひ読んでいただきたい本をしょうかいします。今回は男と女が両方楽しめる本です〜す??

からくり夢時計

DATA
作者川口雅幸
P数 407P
定価1500円＋税
発売星雲社
発行アルファポリス

「夢時計」って、ロマンにあふれることばですね。
小六の聖時の家は時計店。冬のある日、年のはなれた兄と大げんか、父にもしかられ店の作業部屋にかけこむ。そこで、聖時は、不思議なかぎをひろう。古い時間にさしこむと、部屋の時計が逆に動きだした。やがて聖時は、1人の男の子に出あった。タイムスリップしたらしい。そして、聖時のかけがえのない時がきざまれてゆく。

この紙への文句や怒りは [redacted] へどうぞ。

[redacted] の分身
パクリ??
進化する?
[redacted] の分身

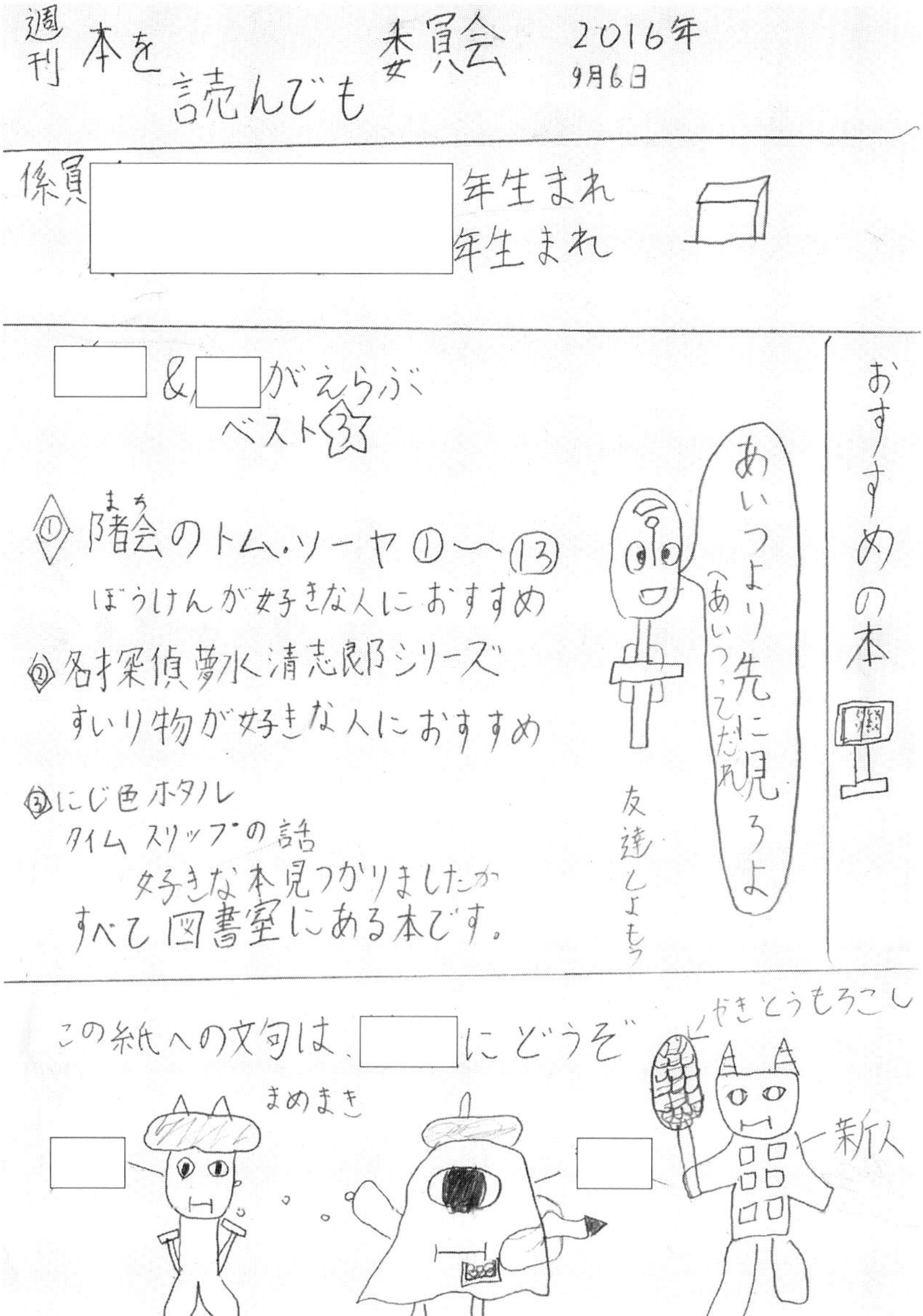
週刊
本を読んでも委員会
2016年
9月6日
係員 [redacted] 年生まれ
年生まれ
[redacted]&[redacted]がえらぶ
ベスト3
①街《まち》のトム・ソーヤ①〜⑬
ぼうけんが好きな人におすすめ
②名探偵夢水清志郎シリーズ
すいり物が好きな人におすすめ
③にじ色ホタル
タイムスリップの話
好きな本見つかりましたか
すべて図書室にある本です。
あいつより先に見ろよ
(あいつってだれ
友達しよもっ
おすすめの本
この紙への文句は[redacted]にどうぞ
まめまき
やきとうもろこし
新人

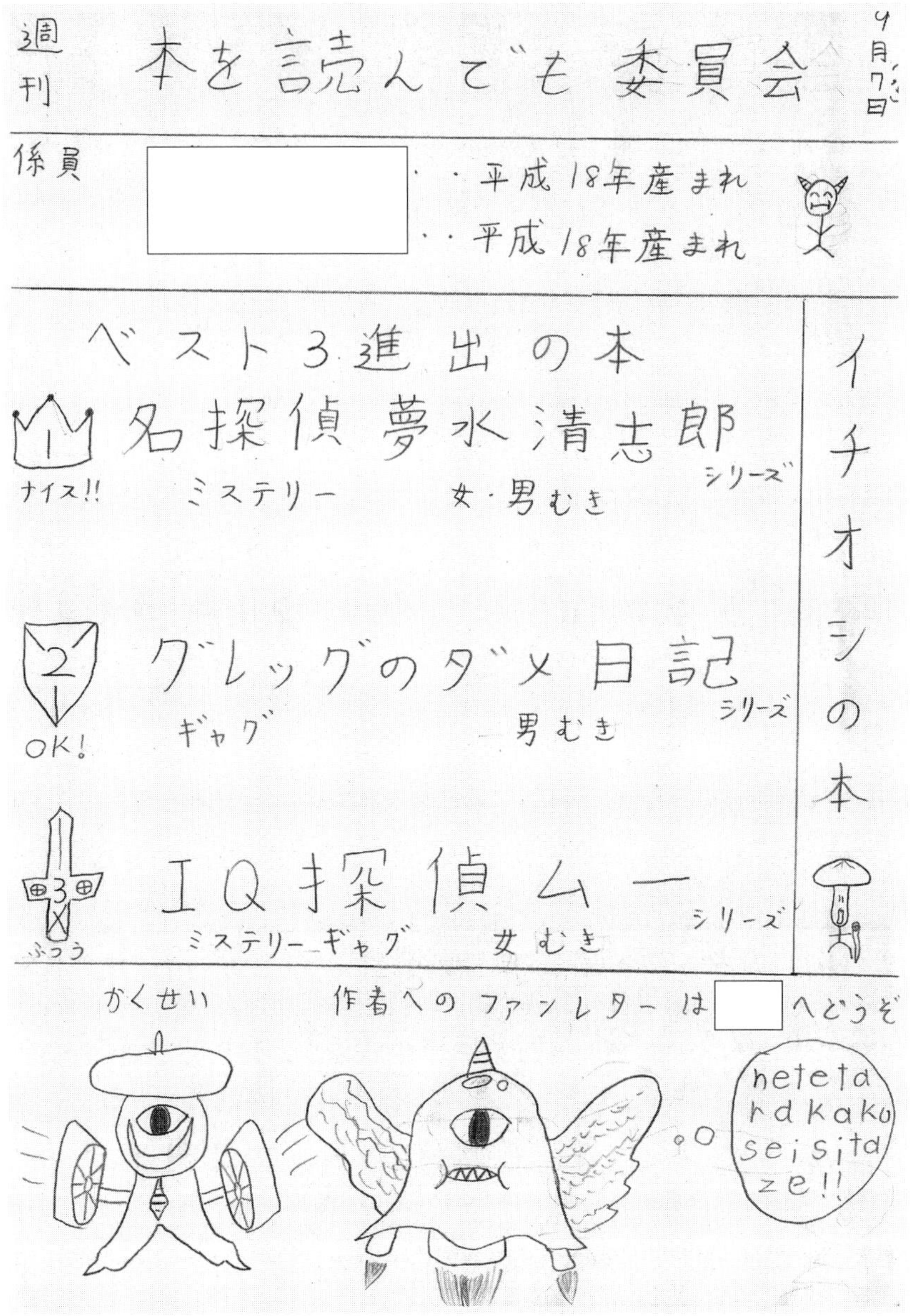

週刊
本を読んでも委員会
4月7日
係員
・・平成18年産まれ
・・平成18年産まれ
ベスト3進出の本
1
ナイス!!
名探偵夢水清志郎
シリーズ
ミステリー
女・男むき
2
OK!
グレッグのダメ日記
シリーズ
ギャグ
男むき
3
ふつう
IQ探偵ムー
シリーズ
ミステリー ギャグ
女むき
イチオシの本
かくせい
作者へのファンレターは
へどうぞ
neteta
rakaku
seisita
ze!!

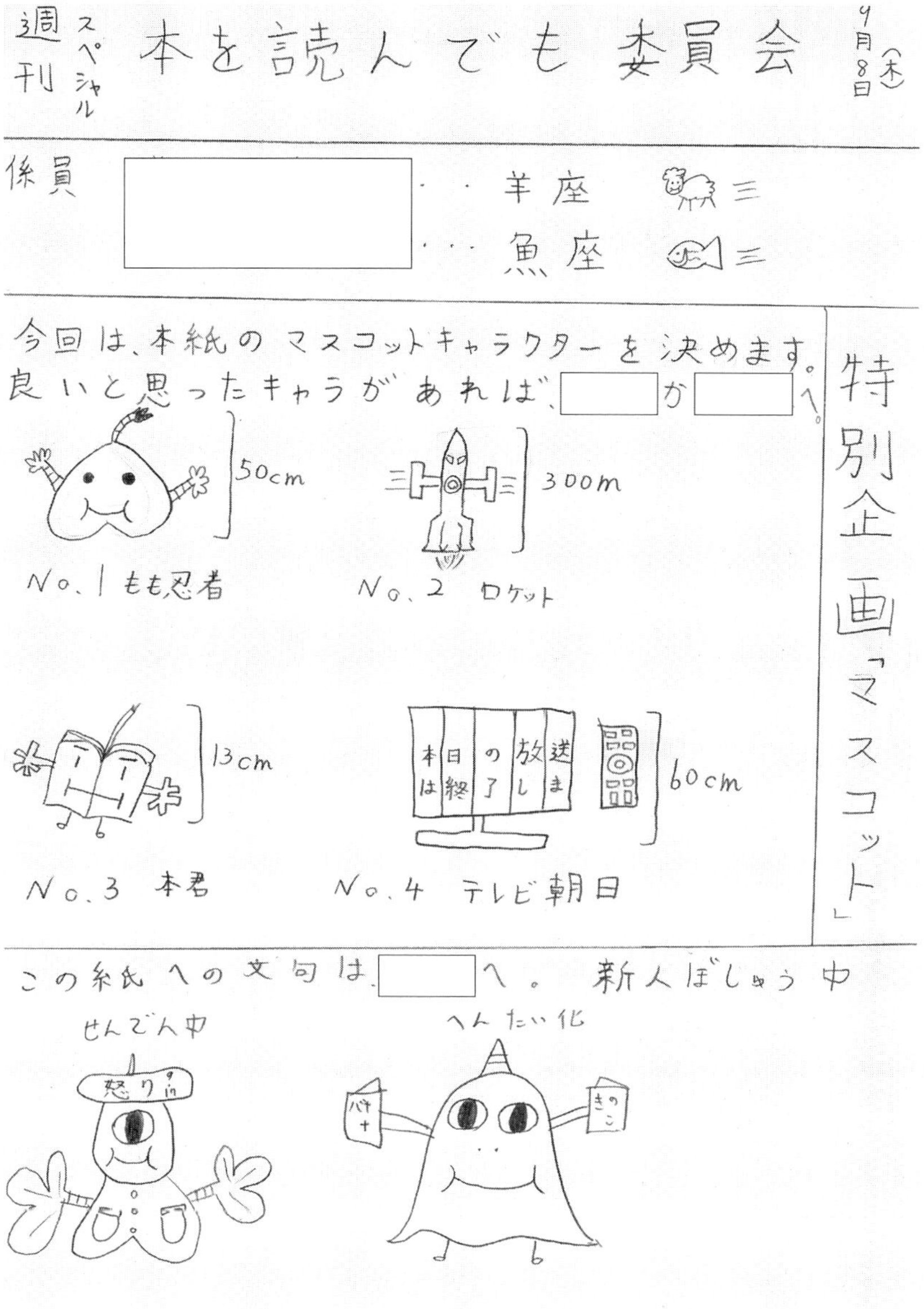
週刊 スペシャル
本を読んでも委員会
9月8日(木)
係員
…羊座
…魚座
今回は、本紙のマスコットキャラクターを決めます。良いと思ったキャラがあれば、か へ。
特別企画「マスコット」
50cm
No.1 もも忍者
300m
No.2 ロケット
13cm
No.3 本君
60cm
No.4 テレビ朝日
この紙への文句は へ。新人ぼしゅう中
せんでん中
へんたい化

週刊ではない　本を読んでも委員会　9月9日（金）

係員　□・・原作
□・・・文

□の「一人言」コーナー

このコーナーでは僕の一人言を言わせていただきます。
一つ言いたいのは□が、ほとんど書かないのです。
ぼくは、すさまじいせいしん力で怒りをおさえています。

『小説のコーナー』　①プロローグ

赤いふいとうに入った手紙が、一郎にとどいた。血のように赤いふうとうに、一郎はぞっとした。開けてしまったら『なにか』が動き出してしまう、そういうきょうふを一郎は感じた。一郎の本能が、『開けるな』とさわいでいる。だが、一郎は開けてしまった。終わらない悪夢のとびらを・・・　あなたはもう後もどりできない。とびらを開けてしまったから・・・　（続きは今度書きます。）

上の文は□で、原作は□です#。

↑めちゃ変化

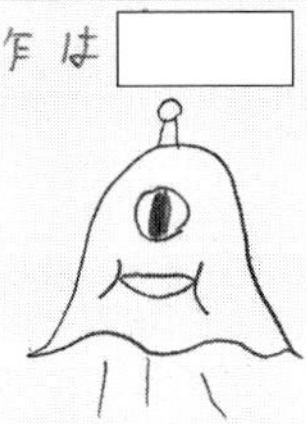

新キャラぼしゅう中

週刊　本を読んでも委員会　1月12日

係員　・・・四人家族
・・・四人家族

の「一人言」コーナー

今回は、組体そうについてで、僕はいつもいつも土台で、人にふまれています。いたいです。…というのはうそで、全くいたくありません。うっぴょー!

「小説のコーナー」②第一部・・・。

手紙にはこう書かれていた。「君に恐怖をやろう。さけることはできない」。
名前のところには『ピエロ』というパソコンで打った文字があった・・・数日後、一郎は学校にいった。くつ箱でくつをはきかえたとき、一郎は不自然なことに気づいた。かなりいい時間なのに、くつ箱に5足しかくつがないのだ。一郎は「自分が少し早かったんだ」と、無理になっとくした。教室に入った一郎は絶句した。あたり一面に血がとび散《ち》っている。「ペチャペチャ」「くちゃくちゃ」。教室のすみの方から聞こえる。何をしているのかは、だいたい想像がつく。『こわい』。だが見たい。自分の気持ちと戦っていると、教室のすみのかげがふり返った。ピエロだ。ピエロが血をなめている・・・(つづきは今度。てへぺろ☆)

文句を言うなら　へ☆!

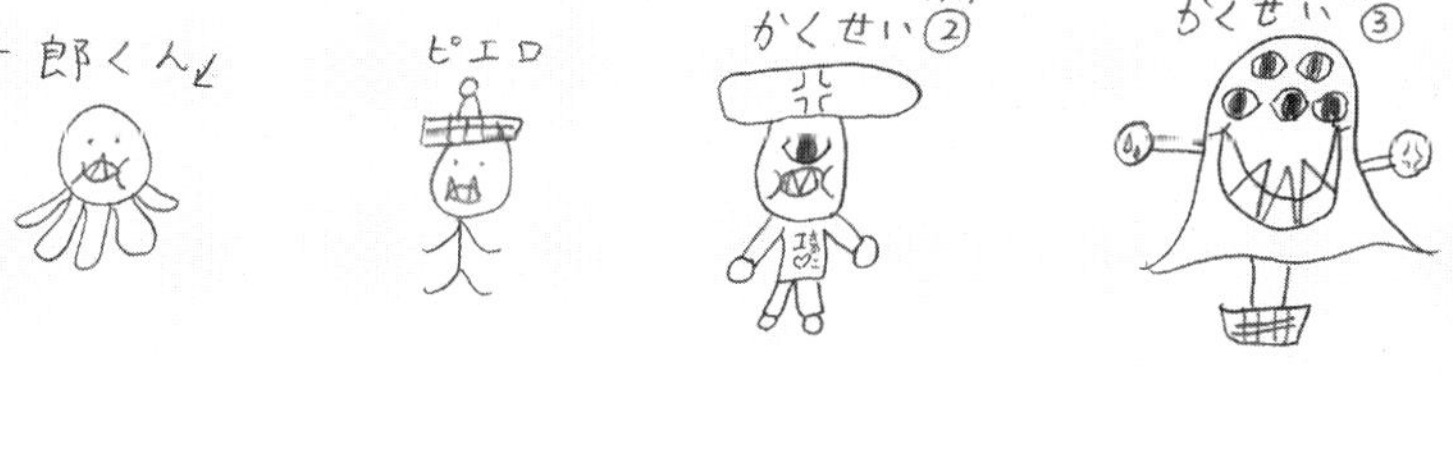

日刊　本を読んでも委員会　7月14日(水)

係員　・ヒマ
・・ヒマ

の「一人言」コーナー

今日は、「人」という生物についてで、人というものは、下等《かとう》な生物だと思います。でも、「下等」というのは、醜《みにく》いということではなくて、くわしくは辞書を使ってください。てへぺろ×48万☆！

『小説』のコーナー　③第2部

その横には、友達のなおきの死体がバラバラになってよこたわっている。にげなければ、と、一郎の体が動いた。気がつくと、一郎はろうかを走っていた。ふりむいてはいけない。ふりむいたら、ぼくもなおきみたいになってしまう。死にたくない。一郎は走った。近くの教室に入ろうとドアに手をかけた。かぎがかかっている。ピエロは、おってきていない。「なんだよ。なんなんだよ！ちくしょう。」一郎はさけんだ。五人の内1人はなおきだった。じゃあ、のこりの4人はだれなんだ。生きているのかもわからない。1階への階段は、つくえやいすで、かたくバリケードされている。とおれそうにない。まよっているとピエロがもどってくるかもしれない。…

(つづきはまた今度☆)(てへぺろってなに？)

☆文句は　へ☆

7　卒業カレンダー

卒業式に向けてカウントダウンカレンダーを作る学級が多くあるのではないだろうか。

国語科の学習と組み合わせて、「名言」「イラスト」をセットで作らせた。作品はかいた本人と私しか知らないように作らせた。

毎日一枚ずつ掲示していくと、子供たちが作品に群がる。

このクラスは三〇人学級だったので、あと三〇日からスタートした。

だれが、どの日をかくのかは、希望制にした。かぶった場合はじゃんけんとなる。

数字にこだわりがある子供もいれば、アイデアの中にその数字が必要な場合もある。

21を選んだ子は、当時放送されていたアニメ『アイシールド21』という作品が好きな子供が作った作品である。

マイケル・ジョーダンが好きな子供は23を選んだ。

選んだ理由はその時には明かさない。

数にこだわりがない子供は後で選ぶようにした。

7章　目標に向かって仲間意識を高める

目標を共有することがチームのつながりを強くすることはよく言われている。

目標は、一年間かけて達成させたいものもあれば、短期間その時々に掲げられる目標もある。

どちらも、子供同士をつなげることに役立つ。

左は使い終わったノートを積み上げたものである。

子供たちは「ノートタワー」と呼んだ。

きっかけは、五月中頃、算数のノートを使い終わった子供たちとの会話だった。

「こんなに早く一冊使い終わったのは初めてです」

「みんなで使い終わったノート貯めたら、かなりの量になるんじゃない」

「天井まで届くかもね」

おもしろそうだと思ったので、クラス全員に提案させてみた。

みんな、やってみたいということだったので一年間貯め続けた。

最初は左のようなところからスタートした。

高くなってくると崩れる危険性があるので、普段は一〇〇冊程度の山を隣に作っていった。時々、高さを確認したくなった子供が協力しながら積み上げて達成度を確かめていた。

前ページの写真は卒業前、ノートを持ち帰らせる前に撮った「ノートタワー」である。

天井までは届かなかったが、学習の一つの足跡として感慨深げに見上げていた。


調べてみると、このような実践をしている教室はたくさんあった。

そんななかでも特によかったのは、子供の発案であったこと。

目標のなかでも、子供発案のものは仲間の意識を大きく向上させるものだと考える。

普段から子供の声に耳を傾け、目標を設定させるようにしたいものである。

1　クラスパーティー（三年）

目標を達成した時、または学期末、学年末に子供たちが楽しむイベントを仕組むクラスが多いのではないだろうか。私の勤務している地域では「お楽しみ会」と呼ばれている。

子供たち主催で話し合いから準備、実施、片付けまで行わせる。

教師は、時間と場所、モノを提供すると同時に、子供がやり過ぎな行動に出ないかどうかを見守っていくこととなる。

間違った方向に進むと、ケンカの種をわざわざ蒔いたことになりかねない。

そこで、クラスの実態に応じて教師の出番や条件が変わってくる。

例えば、小学校三年生の事例を紹介する。

実施の途中にはトラブルも発生している。


ゴールデンウィーク明けに女子数名が私に尋ねてきた。

「お楽しみ会ってやりますか?」

これまでの様子を確認しようと思い聞き返した。

「二年生の頃はやってたの?」

「はい、やっていました」

「どんなことやってたの?」

「ダンスとか、歌とか、劇とか」

「どんな時にやってた？」

質問の意味がよくわからなかったようなので、問いを変えた。

「いつ頃にやった？」

「三月にやりました」

「年に一回だけなのかな？」

子供たちは顔を見合わせて、

「夏休みや、冬休みの前にもやったよね」

なるほど、学期末に行っていたのだということがわかった。

「面白そうだからやってみたいね」

喜んでいる様子なので
「今年もやりたい？」

と聞いてみた。

「はい、やりたいです！」

「では、みんなに聞いてみて、やりたい人が多いようだったらやろうね」

ものすごく喜んだ。

その日の帰りに、提案させてみた。

反対する子はいなく、多くの子供が喜んだので、夏休み前に実施することにした。

この後にトラブルが起こった。

五月の初めだったこともあり、計画を立てることはまだ始めなかった。しかし、逸る気持ちを抑えきれなかったのだろうか、水面下で準備が進んでしまっていた。ルールも二年生の時のルールで進行していたようだ。

ダンスを披露したいグループと手品を見せたいグループがメンバーを取り合っていたのである。ダンスのグループのメンバーが手品の子を孤立させようとしたことで事件が発覚。

今回の件をうけて、改めて全員に話をした。

内容はおよそ次のとおり

・「お楽しみ会」の出し物について友だちの取り合いが生じた。
・二年生の時には一つしか出し物ができなかったとのことだが、今回も同じであるということは、まだ、話し合われていない。
・二つでも三つでも参加してもよいと思うがどうだろうか。
・みんなが協力する力を伸ばすのが目的である。
・わがままな気持ちを大きくすることになっていないだろうか。
・話し合いの時間や準備の時間は確保する。
・話し合いの結果やることを決めるので、自分で考えたことがそのまま出来るとは限らない。
・七月になってから話し合うので、それまで、勝手にグループ作りをしてはいけない。
・思いやる心や協力する力を伸ばすものであってほしい。

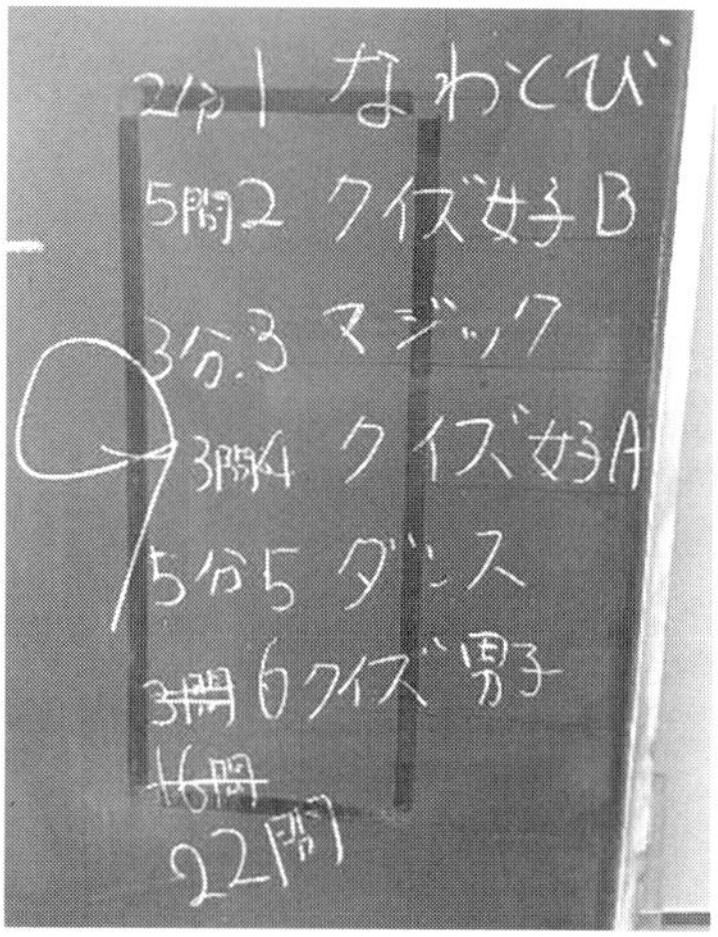

事件が起こったことで、友だち同士の知らなかった思いをぶつけ合うことができた。いままで、無意識のうちに抱えていた差別意識がフラットになったように感じた。

該当者はつらい思いをしたかもしれないが、これはこれでよい経験だったと思う。

さて、七月に入り、約束どおり、話し合いの時間、準備の時間を取ってやった。

最終的には六グループに収まった。

全部やりたいと言っていた子供たちも、練習時間を考えて最大二グループへの参加にとどまった。

練習時間も自分たちで声をかけあって確保していた。

最終的には、どの子も大満足の時間となった。

教室の外からこの日の様子が見えた、前担任が声をかけてきた。

「去年はケンカが多発したけど、大丈夫でしたか？」

「始める前に、少しトラブルがありましたが、準備が始まってからは大丈夫だったみたいです」

「成長したんですね、ありがとうございます」

放っておけばトラブルが多発することは間違いない。

目標を共有し、起こりうるトラブルを、学年に応じて想定させておくことで、比較的イベントは成功しやすくなる。

2　クラスパーティー（五年）

三年生ぐらいでは、かなり丁寧に手を打っていくが、力のついてきた高学年であれば、ここまでする必要はない。

目標を共有し、トラブルの際には必ず相談させるようにしておく。

あとは、場所、時間、モノの制限を伝えておくぐらいで十分に力を発揮する。

学校の行事の中にはイベントが多く存在する。それらは子供同士をつなげる可能性があるものが多い。

ポイントは、目標を共有することである。

例えばドッジボール大会があったとするなら、「勝つ」なのか「全員活躍」なのかで、行動が変わってくる。同じ行為も目標によって評価が天と地ほど異なってくる。

「勝つ」ことが目的なら、得意な子供に投げることは任せ、苦手な子はよけることに徹する。（もともと、ドッジとは、よけるという意味があるらしい。）「勝つ」ことが目標ならばこの戦法を徹底するのがよい方法となる。こちらの方法を好むクラスもある。勝つ戦法に徹底するので、たいてい優勝する。

「全員活躍」を目標にしているクラスで同じ戦法を用いると、まったく楽しくないし、不満が出る。

下の写真は自然発生的に生まれた円陣である。

目標によってとるべき行動、評価される行動が変わってくる。

3　目標を共有するための授業

年度当初、クラス目標を決めることが多いのではないだろうか。
目標を決める前に五年生に行った授業を紹介する。
なお、子供の反応は、その時の私のクラスのものである。

T　去年は、学級の目標を決めましたか?
C　決めました。
T　なんていう目標だった?
C　明るく……、みんなで……。（はっきりとは言えない。）
T　今までたくさんの目標を立ててきたことと思います。
ところで、目標って、どうして必要なんですか。
C　協力するためです。
C　何をするかを忘れないためです。
T　今日はクラスというチームの目標について考えていきましょう。

T　Googleという会社があります。聞いたことがある人。
C　（多数挙手）

T　何を仕事にしている会社か言える人いますか。

C　検索をする会社

C　インターネットの会社

T　インターネットの会社、Googleで「自動運転の車」を造るかどうかが話し合われました。
インターネットの会社が「自動運転の車」を造る。

皆さんが社長だったらOKを出しますか、出しませんか。

近くの人と話し合いなさい。

C　（話し合う。）

T　意見がある人どうぞ。（指名なし発表が出来るクラス）

C　インターネットの会社なので、車を造るのは難しいと思います。

C　インターネットで知識を集めればできるようになると思います。

C　インターネットの会社なのに車を造る必要はないと思います。

T　Googleの目標です。
「世界中の情報を整理し、世界中の人々がアクセス出来て使えるようにする」

（PCを使って、スクリーンに提示をした。）

この目標に合うのであれば、造ります。　合わないのであれば造りません。

もう一度聞きます。　インターネットの会社Googleは、自動運転の車を造りますか。

近くの人と話してごらん。

C　（話し合う。）

T　それでは発表してもらいましょう。
C　車の中に地図があってそれをインターネットで見られるようにするので、造ると思います。
C　それなら、部品だけ作ればいいから車は造らなくていいと思います。
C　インターネットにつながるものをなんでも造るんだったら、ほとんどのものを造らなければならないので、そんな工場は持ってないと思います。
(この時は、造らない派が多かった。)
T　Google は造ることに決めました。
C　(なんで？　という反応)
T　車を運転する人は、平均すると、一年間に七〇〇時間を運転することに使っているそうです。運転している時はスマホなど使ってはいけないことを知っていますか？
C　(子供は頷いて、知っているという様子だった。)
T　運転する人は、一年間に七〇〇時間インターネットに接する機会がなくなっていると考えました。そして、自動運転の車だったら、運転しながらインターネットが出来るかもしれないと考えました。つまり、Google にとって目標があることで「やるべきことが決まる」のです。目標があると、どんないいことがありますか。
C　やるべきことが決まる。
T　ジョンソン&ジョンソンという会社は「バイクリル」という手術用の糸を開発しました。どんな糸だとすごいですか。近所で相談してみて。

C　（丈夫な糸という意見が大半）

T　思いついた人？

C　簡単には切れない糸だと思います。

C　しばらくすると溶けてなくなる糸だと思います。

C　傷口を治す薬になる糸だと思います。

T　どの意見もすごいのですが、この糸は……。

しばらくするとなくなる糸です。

手術で内臓を縫いますが、そのまま糸を体の中に残しておけません。

内臓の傷口がくっついた後で、また体を切って、糸を取り出す手術が必要だったので二回手術しなければなりませんでした。

ところが、この糸は溶けてくれるので、一回の手術で終えることができるようになりました。

こんな便利な「バイクリル」ですが、病院以外にものすごく売れました。

手術以外に使います。どんな会社に売れたと思いますか。

C　釣りの道具を作る会社

C　手品の道具を作る会社

C　お菓子工場

T　この糸はお肉の会社に売れるようになりました。

ハムを作るときに使うことが出来、出来上がったらなくなるので、精肉会社に売ることでたくさんのお金が儲かりました。

ところが、ジョンソン&ジョンソンはこの「バイクリル」工場を他の会社に売ってしまいました。ものすごく儲かっているのに。もったいないと思いませんか。

（「なんで?」という反応だった。）

C　秘密は、会社の目標にあります。ジョンソン&ジョンソンの目標です。

T　「われわれの本来の目標は患者さんのためになることだ。患者さんのためにわれわれは存在し、事業を行っている」

理由が分かった人?

C　お肉のために使うのでは、患者さんのためにならないからだと思います。

T　そのとおり。

このまま精肉会社に売れ続けると、そちらに会社の力を注がなくてはならなくなる。だから、「バイクリル」は別の会社に売ってしまい、私たちは、患者さんのためになるものを作り出そう。

このように考えたそうです。目標があると、やらないことが決まります。

最後に三つ目の会社を紹介します。

スターバックスコーヒーです。

この会社を創った、ハワード・シュルツさんは、ものすごくコーヒーが好きな人です。

コーヒーが好きすぎてコーヒー豆を売る会社に就職しました。

それでも、足りないので自分でコーヒーを売る会社を創りました。

それが、スターバックスコーヒーです。

会社が大きくなると社員も増えてきます。

そんな時、会社のことを相談するメンバーからこんな意見が出されました。

コーヒーにキャラメルやアーモンドを使ってみてはどうか。

シュルツさんは内心反対でした。そんなものは邪道だと思ったそうです。

さて、スターバックスコーヒーはキャラメルやアーモンドを使った商品を出したと思いますか。

C　（ほとんどの児童が「出した」という意見だった。）
T　どうして、そう思った？
C　だって、飲んだことある。
T　そうだよね。

シュルツさんが、社員の意見に反対をしなかった秘密は、やっぱり会社の目標にあります。

スターバックスコーヒーの目標は「人々の心を豊かで活力あるものにする」というものでした。

キャラメルやアーモンドが人の心を豊かにするかもしれないから、試しに商品化してみようと考えたのです。すると、瞬く間に人気商品となりました。

今、スターバックスコーヒーで最も売れているのが「キャラメルマキアート」です。

この時のことを振り返ってシュルツさんはこのように言います。

「自分が、思い描いたとおりのスターバックスにはならなかった」

シュルツさんはこの時のことをよかったと思っていますか、それとも残念だと思っていますか。

C　（挙手で確認すると、全員が「残念だと思っている」と感じていた。）
T　この言葉には続きがあります。
「自分が、思い描いたとおりのスターバックスにはならなかった。

けれども、自分が思ってもみなかったスターバックスになった」

残念だと思っていますか。
C　（今度は、逆に「残念だと思っていない」が大半を占めた。）
T　目標があると、いろいろな意見を認めることが出来ます。
T　ここまでに勉強したことをまとめます。
目標があると、やるべきことが決まる。

目標があると、やらないことが決まる。

目標があると、いろいろな意見を認めることが出来る。

つまり、目標は、チームがまとまって行動するために必要なものです。

今から、その、大切な目標を決めますからまずは、どんな言葉を使いたいか、紙に書いてごらん。


この後、クラスで検討をし、目標を確定していった。

ここで決めた目標は一年間の指針となるので、いつでも反省材料となるし、何らかの行動を検討するときの基本となる。

8章 困り感を抱える子をサポート

1　授業中に寝てしまう

低学年の児童は、午後の授業で眠ってしまう児童がごく稀にいる。

負けたな、と思う（ことにしている）。

それでも、授業技量が低いことを棚に上げてイラっとしてしまう自分がいる。

そこで、自分に当てはめて考えてみる。

講演会や研修会など学びの場で眠らずに、眠気に襲われずに話を聞いているのか。

否。

いまでも眠くなることがある。

自分を振り返れば、人の話を聞きながら眠ってしまうことは信じられないレベルの話ではない。

次に分析を行う。

眠ってしまう子供は、どういう条件がそろうと眠るのか、データを集める。

三年生の子供を紹介する。

四月のテストで、学力の定着が十分でないことがわかった。

【算数】
17－9（繰り下がりが苦手）
六千十二を数字で書く。（612）
180は10の何個分（出来ない。）
四等分している長方形の4分の1を塗る（4分の4塗ってしまった。）
200mLの量（風呂を選択「風呂ってなに？」の質問あり）
かけ算の演算決定が出来なかった。
テストは時間切れで最後までは出来なかった。
【国語】
「はしって」を漢字にする。（書けない。）
主語と述語という言葉の意味がとれない。
何画目の意味がわからず、画数を教えた。（画数は正確であった。）
題意がつかめない問題がたくさんあった。
感想を書く問題は基本的には出来なかった。
【出会って一週間で把握出来たよいところ】
・コミュニケーションは取ろうとする。
・みんなと一緒にいるのは好き。
・周りへの対応は優しい。
・素直。

・丁寧。
・優しい。
・一生懸命。
・本をよく読む（絵本を見る）。
さて、去年のことも聞いてみた。

二年生の時に、午後は毎日眠っていたそうだ。

毎日眠っていたので、午後には眠るという分析結果しかその時は出せなかった。

担任して一週間、午後に眠ることはなかった。

進級の緊張感とも思ったし、成長したのかとも考えていた。

二週目に入って、午後に寝るということが起こった。

二週目に二回、三週目に一回、机に伏せて寝ているのである。

いったん、普通の対応を行う。

肩を、トントンとして、声をかけてみる。

その都度起きようとするが、すぐに眠りに入ってしまう。
一、二回目は国語、三回目は書写の時間であった。
二回目に眠った時は、午後の国語が原因かとも思ったが、国語の時間に起きている時もあった。

三回目の書写の学習活動は、視写。課題を半分やったところで眠り始めた。

どうやら、この子供は書く活動が多いと眠りに入ってしまうということがわかった。

合間に発表したり、相談したり、黒板に意見を書いたりする活動が入れば、眠らずにすんだ。

この子が寝るときというのは、学習活動が単調なとき、つまり退屈な授業のときであった。

私がとった対応は、主に二つ。

・午後には、この児童が比較的好きな教科を入れる。
・学習活動が豊富な組み立てにする。

これ以降、授業中寝ることはほとんどなくなった。

しかし、対応が解決につながらない場合もあった。

私が出会った子供は五時間目に眠っていた。

その子は、「脳波に異常がある」と保護者から連絡をもらっていた。

一年生であったその子は、五校時にスイッチを切ったように机でつっぷして眠った。

どんなに声をかけてもだめだった。

保護者や管理職とも相談し、眠った場合は寝かせておくことにした。

互いに無理のない方針が決まったことで、安心して授業を進めることができた。

その子は、時間がたつにつれ、次第に眠らなくなった。

五年生で再度教えることになったが、入学当初そのような状況であったのが信じられないほど立派になっていた。

解決には時間がかかる場合もあるし、時間が問題を解決することもあるということを学んだ。

また、最初に紹介した三年生の児童はこのようなこともあった。
五校時書写で視写をした。
視写教材二ページの課題を出したが、一ページ目が終わったところで寝てしまった。
三度起こすことを試みたが、起きないのでそっとしておいた。
終了一五分前で目を覚ます。
声をかけなかったが、再度鉛筆が動き始めた。
ほとんどの児童は課題を終えて読書をしていた。
そんななか、もう一人終わってない男の子がいた。
その男の子に対して、「間に合わないと宿題になるよ」と声をかけた。
声をかけると焦ってやり始め、授業終了間際ぎりぎり間に合った。
寝てしまった子は焦るが、気持ちが空回りしてなかなか進まない。
結局、間に合わなかった。
「宿題でやってきなさい」と声をかけるとパニックになった。
のけぞる・泣き叫ぶ・「死ぬ！」とわめき散らす。
危険なので広いところに移動させる。
帰りの準備をしてやるがまだ収まらない。
視写教材をランドセルから取り出し、
「家でやらなくていいから、今度学校で先生とやろう」
と言うと多少落ち着いた。

「宿題が増えるのが嫌なの？」

と尋ねると、コクリと頷いた。

友だちが靴箱で帰りを待っており、少し機嫌を直し一緒に帰って行った。

五校時、全校音楽の授業でも眠ってしまうことがあった。

当時の勤務校は全校児童が一〇〇名を切っており、全校で合唱の発表をする機会があった。

全校での音楽であったが、そこでも眠ってしまった。

ホールで練習していたので、その隅にあった図書コーナーのソファーで休ませるが、熟睡である。

高学年は曲目が多かったので、一〜四年生は一〇分ぐらい早めに授業が終わった。

とりあえず他の児童を教室に連れて帰って後で迎えに行こうと思っていた。

その場に残る先生に声をかけておいた。

ホールから近い教室だったので、三〇秒ほどで教室にたどり着く。

振り返るとその子がついてきていた。

教室に帰るなり、制服を机の上に置き、枕にして眠り始めた。

五校時終了まで眠っていた。

六校時は総合的な学習の時間で、バザーの役割分担や小物作りをした。

このときには普通に作業していた。

活動的だからといって眠らないわけではなかったようだ。

普段の音楽の授業（このとき指導していた先生が授業をしてくれていた）では眠ったことがない。

どうやら、この日は、前日に夜更かししていたらしく、授業どころではなかったようだ。

日常の体調管理の上に学校での教育が成り立っていることがよくわかった。

月曜日にこのようになることが多かったので、学期末の懇談会で保護者に相談してみた。

保護者もハッとしたようで、二学期以降、このような睡眠不足が原因で眠ることが少なくなった。

睡眠不足に限らず、アトピーや花粉症、虫歯など様々な原因で学習に集中出来ない場合が多いと聞く。

体調管理が不十分な場合は、家庭に声をかけていくことも私たちの大切な仕事の一つかもしれない。

2　負けることが受け入れにくい

小学校三年生の子供である。

六時間目の終わりに百人一首を実施。

二回目の実施だったが、一回目の時に体調不良で早退のため、初めて百人一首に触れる子供がいた。

「カルタだよ」

と教えると、

「カルタはいや」

と泣き出した。

「ゲームはね、誰でも負けたり勝ったりするんだよ。だから我慢する気持ちが育つんだよ。頑張ってみようね」

と投げかけると、納得したようだった。

結果は一勝一敗。

帰りは機嫌良く下校した。

翌日の午後、三回目の百人一首を行った。

午前中に、その子と百人一首頑張ろうねと、話をしていたので、最初はすんなり開始出来た。

その時に話したのは、

・我慢する力が身につくこと
・集中力が身につくこと
・将来の国語の勉強に役立つこと
・友だちと仲良くなれること
・みんなが一緒に出来ると先生は嬉しいということ

の五点。

私なりに一生懸命に話したので、本当はやりたくなかったのだろうけど、仕方なく受け入れてくれたのではないかと思う。

さて、結果である。一回目は三枚しか取れず、悔しそうにしていた。二回目は対戦相手を変えて行った。

一枚しか取れず、さらに悔しそうにしたが、叫んだり、パニックになることはなかった。

次の日も百人一首を行った。負けると涙が出てくることはあったが、投げ出さずに最後まで試合をすることが出来た。

私たち大人でも、苦手なことが毎日あると思うと憂鬱な気持ちになる。

それでも、趣旨を理解し、頑張ってほしいとお願いされれば、力が湧いてくるのではないだろうか。

学年が低くても、誠意をもって趣旨を説明することはとても大切なことだと感じた事例である。

3　発達障害の診断を受けた二人の子供

一年生A君は特別支援学級を医師から勧められたが、保護者の希望で今の学級にいる（保護者はとっても協力的である）。

また、同級生のB君は特別支援学級に在籍している。

ADHDのA君は地元の幼稚園・保育園には通っていない。

高機能自閉症のB君は地元の幼稚園に通っていた。

普段接しているかどうかが、周りの子供にとってすごく大きな差になるのだということに驚いた。

B君は周りの子供にとても大切にされている。

三年間一緒に過ごしてきているので、付き合い方が自然である。

仲の良い子供もたくさんいる。

周りの保護者にも障害について認知されている。

しかし、A君は他の子供にとって、今まで出会ったことのない異質な存在に思えるらしい。A君に対する風当たりが冷たくなる傾向にあった。

放っておくとA君はいじめの対象になり、保護者まで攻撃の対象となるのではないかと心配になった。

そこで、A君を全力で守った。

通りすがりに彼がこづかれるのを見逃さず、指導した。

彼に対して、どんな言葉をかけているのかも細心の注意を払った。

管理職にも相談し、全職員に周知し見守ってもらうようお願いをした。

一方でA君の行動も少しずつ変えていく必要があった。

特別支援学級の先生に相談すると、

「『だめ』って言うだけではなく、代わりに、どんな行動をしたらよいかを穏やかに教えてやってね」

もう一つ教えていただいたのは、

「『先生、前も言ったでしょ』は禁句ね」

であった。

知っていたはずのことだったが、振り返ると実践できていなかった。

次の日から、二点に気を付けて対応した。

ある、雨の日、休み時間に友だちから遠ざけてみることを試みた。

私と一緒に体育館横で平均台をしながら過ごした。

とても穏やかで楽しそうだった。

昼休みは教室であったが、一緒になぞり絵をして過ごした。その様子を見て、他の子も一緒にやりたいと集まってきた。どの子もなぞり絵に一生懸命になって、トラブルは起こらなかった。

やはり、配慮が必要な子供には、一緒にいてあげることが何よりの対応だと感じた。褒め続けることと、不適応な行動を規制することを中心に指導していたが、「一緒にいる」という根本的なことが抜け落ちていた。

さて、このような対応をして、二カ月。A君は、かなり集団生活に溶け込んできた。仲良くできる友だちも出来、私に対する苦情も激減した。

とはいえ、苦情がなくなったわけではない。

ある昼休みに、女の子からこんな苦情があった。

「先生、Aくんがね、私たちが、まるくなって（円陣のような感じ）お茶を飲もうとしていると、いきなり円の中に入ってきて、お茶がこぼれました」

このような突発的な行動は時折見られた。

A君への指導でよく使っていた言葉は、

〝友だちをびっくりさせない〟

であった。

A君を呼んで話をしようとすると、彼は既にその場にいた。

何を言いつけられるか心配してそばに来ていたようだ。

既にいけないことをしたと思っているようだったので、ゆっくりと教えてやった。

「一緒にお茶を飲みたかったのかな」

「うん」

「そうだよね、友だちと一緒がいいよね」

A君の行動の理由に寄り添ってから教えたいことを話す。

「だけど、急に友だちの輪の中に入るとぶつかっちゃうし、びっくりしちゃうでしょ」

「うん」

「だからね、今度からは『一緒にいてもいい？』って声をかけてごらん。きっと『いいよ』って言ってもらえると思うよ」

A君は頷いた。

これは、周りの子供にも聞かせるために言う。

苦情を言いに来た女の子には、

「びっくりしたね、ぬれてしまってごめんね」

と、A君に代わって謝った。

するとA君も「ごめんなさい」と、謝ることが出来た。

友だちが怒っていることはA君にも伝わるようだった。

A君は、〝謝る〟スキルを少しずつ使えるようになり、「突然の行動」を減らしたことで、友だちとのトラブルが少なくなった。

４　状況をメタ認知すると前進する

五年生で困り感を抱えている子供がいた。

乱暴するわけではないが、雰囲気や相手の気持ちを想像することが難しく、よくクラスメートを怒らせていた。四年生までは、ものすごく叱られていたそうだ。

私も、叱られている場面を何度も見かけた。

反抗するわけではなく、叱られている間はじっとおとなしくしていた。

学習もあまり身についていなかった。

四月に行った数回の「漢字一〇問ミニテスト」は〇点か一〇点だった。

算数の様子は、四則計算は一応はできた。

しかし、文章題には取り掛かろうとしなかった。

運動もあまり得意ではなかったが、走るのは速かった。

四年生の運動会ではリレー選手に選ばれた。

運動会当日は一位でバトンを受け取ったが、途中で抜かれてしまった。

すると、彼は急に速度を緩めてしまった。

次々に抜かれていった。

保護者はさぞつらい思いをされたことだったと思う。

担任をして、四日目、女子に乱暴な言葉を使って泣かせてしまった。

彼を呼んで話をした。

「今から先生がどんな話をするか予想できる？」

と聞いた。

するとと、「ものすごく叱られると思います」と真顔で答えた。

「今まで、たくさん叱られたでしょ」

「はい」

彼は、ほとんど表情を変えず答えた。

「でもさ、本当は、どうして自分が叱られているか、意味がわからなかったんじゃない？」

そう言った瞬間だった。彼の目から大粒の涙が流れ始めた。

「本当は、悪いことなんかしてないと思ったけど、叱られるから黙ってたんだよね」

顔がくしゃくしゃになって、

「先生たちが、なんで怒るのか意味がわかりませんでした」

と教えてくれた。

涙はとめどなく流れる。

頭を抱きかかえて、

「そうだったんだね、苦しかったね」

しばらく泣いていた。

「奥田先生にはさ、言っている意味がわからない時には、

『よくわかりません』って言っていいからね。〇〇君に伝わるように頑張るから」

「はい」と、泣きながら返事をしてくれた。

叱ることも大切だけど、学校が彼に、こんなにもつらい思いをさせていることがわかって申し訳ない気持ちになった。

この出来事をお母さんに連絡した。

すると、実は、医療機関に予約を入れたところだったということを教えていただいた。

情報を共有しながら○○君のために、共に頑張りましょうとお母さんに伝えた。

努めて彼には優しく接した。

彼に信じてもらえるように、約束を守ろうと思った。

結局、進級するまで彼を叱ることをしなかった。

後日、ＡＤＨＤももつアスペルガーだという診断を教えてもらった。

学校での私の対応も彼にとってとても良いことだと言われたそうだ。

より一層身が引き締まった。

対応の方法が明らかになったので、保護者からの要望に応えたり、自分のできうる支援を行ったりした。

例えば、専科の先生の板書がノートに書けないので、デジタルカメラで撮影させてほしいという依頼があった。

私は、漢字の一〇問テストを二問コースや三問コースなど、その子が一〇〇点を取れるというコースに縮小した。

そして、何度も一〇〇点を取らせた。

覚えなくてもいいから、学習の成果が出る喜びを感じてほしいと思った。

次第に点数が上がっていったが一〇問全部が出来るようになったのは三学期に入ってからだった。

小学校の市販テストには漢字の五〇問テストがたいてい付いているが、一気に覚えるのはやはり難しい。

一日一〇問ずつテストを行い、五日間をかけて一枚のテストを終わらせた。

すると、彼は学年末の五〇問テストで満点を取った。

一〇問ずつ満点を積み重ねていくと、だんだん慎重になってくる。満点を取りたいのだ。

五〇問を終えた時には満面の笑みだった。

私もうれしかったので写真を撮った

このような積み重ねは子供の心を安定させる。

学校のほとんどの時間を占めている学習で成果を残させることが、その子の心を支えることに大きく寄与する。

学習に成果が出ると、友だちとトラブルをほとんど起こさなくなる。

彼は、発表が好きで、少し難しい言葉を使いたがった。

だから、討論の授業ではものすごく活躍した。

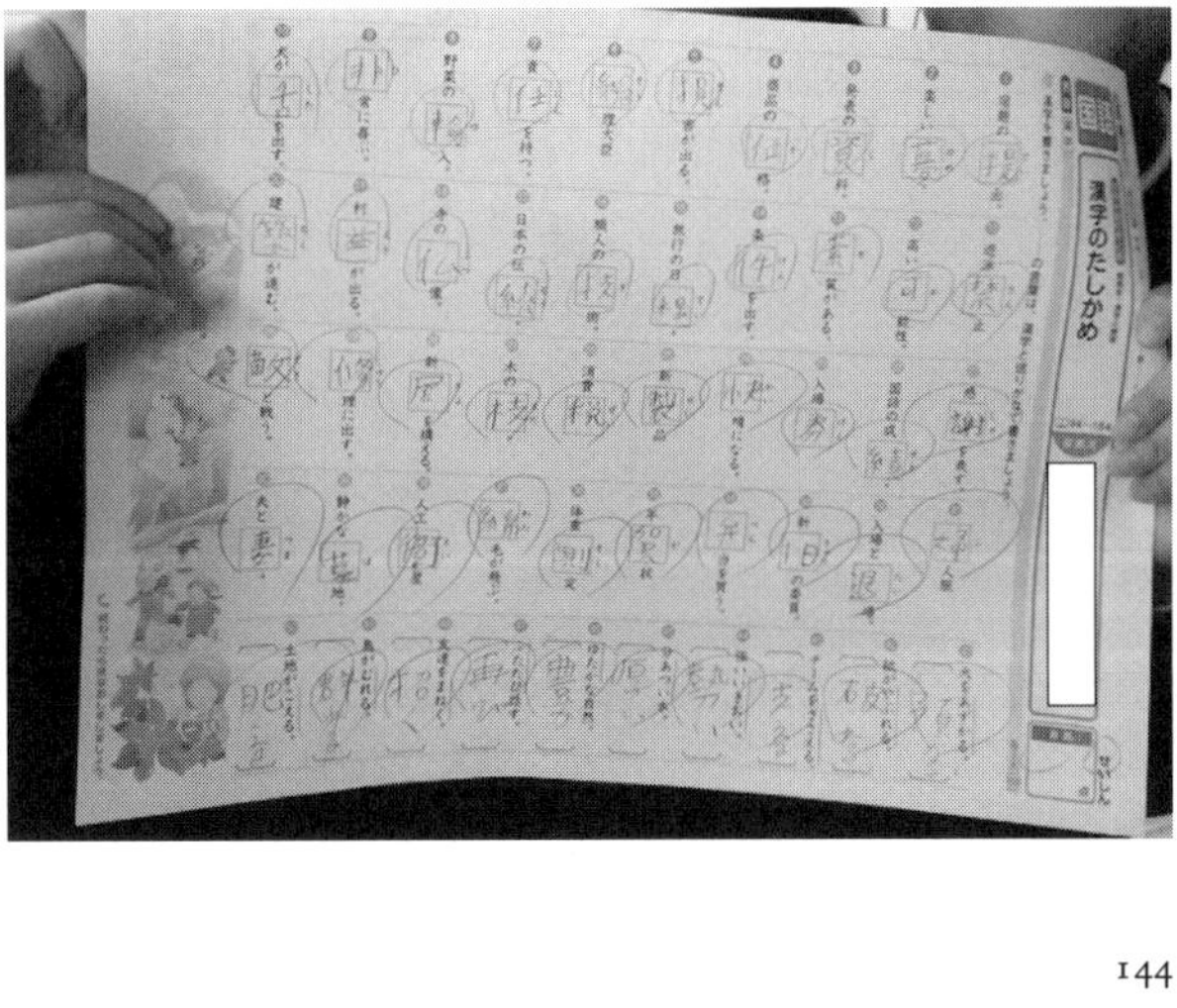

同級生は五年間一緒だったので、彼が叱られずに活躍している様子に感心しているようであった。

学習で成功体験を積ませることの重要性を改めて感じた。

また、教師の子供に接する姿はそのまま周りの子供にトレースされる。

だから、子供に育ってほしい姿を自分も見せなければならない。

5　学習を補助する

教育支援委員会で相談のあった三年女子児童。

先に述べたように、自分では出来ないことを出来るようにさせなければならない。

まずは、その子の状況を紹介する。


【学力】
・繰り上がり、繰り下がりのないたし算引き算は、指を使えば答えを出せる。
・指を折ると数えることが出来ない（指を立てれば数えられる）。
・6～10までは立てた指を合わせて数を判定するしぐさをする。
・20までのたし算は指を使ってできる。
・繰り下がりのある引き算は、やり方を教えて、今のところできるようになった。
例えば12－9は、9の続きから10、11、12と指を一本ずつ立てながら数えていく。

すると、指が三本立っているので、3という判別をする。

このやり方で三桁の計算も付き添えば出来るようになった。
・黒板に書かれた模範解答（教師が書いたものも、児童が書いたものも）は写す。
・まだ写していないものを消すと泣きだす。
・進度を確認しながら、写し終わった問題から消している。
そのこともわかってくれているので、今は消しても泣かないが、慣れるまでは、黒板のところに出てきて消さないでと泣いていた。
・国語が苦手。
・四、五月の漢字五〇問テストは五六点
（これを含めてクラス平均は九四・七点）
・漢字スキルの普段のテストでは、二問から三問コースで一〇〇点が取れる。
・感想などは、写してでも書こうとする。
・午後に国語があると眠ってしまう。
（午後には国語を入れないようにしている。）
・他教科でも、書く活動が多くなると眠ることがある。
（一五分ぐらい眠ると目を覚まし、学習に追いつこうとする。）
【行動】
・素直で人なつっこい。
・褒められることがものすごく好き。
・宿題が増えると思うとパニックになることが一度あった。

（二年生ではたびたびあったとのこと）
・たびたび、授業中に別のことを考え始めるのか、学習活動をしなくなる。
・声をかけたり、目が合ったり、そっと触れると学習を再開する。
・丁寧であるが、ゆっくり。
・机の上の片づけは、時間をかければ出来ないわけではないが、声をかける必要がある。
・回転することが好き。
・多分見え方に課題がある。スポットで見えているのではないか。
（机の上にあるのに消しゴムや赤鉛筆の場所がわからなくなる。）
・一つひとつの行動に時間がかかる。
・食器を片づけることをまかせると、トレーに乗せて持っていくのではなく、食器の一つを持っていき、戻ってきてまた次の食器を持っていく、という片づけ方をする。
・給食は食べるのがゆっくり。
・箸を使っているが、使えていない。
・食器をなめるように食べている。
・声をかけると箸を使おうとするが難しいようである。
・スプーンを勧めたが、箸を使いたいという。
・参観日や給食試食会で母親が参観すると、頑張ろうとする。

【家庭】
・家族構成は、父・母・本人・弟（総合支援学校　年長　自閉症　肢体不自由）

・母親は当該児童の状況について、困っているとは思っていない。
「午後に眠るのは、大人でもありますよね」とおっしゃった。
・家庭訪問でも、「特に困っていることはありません」とのこと。
・忘れ物はほとんどない。
こういう実態の子供にコンパスの使い方を教えた。


三年生で初めて教える、コンパスの使い方。

支援の必要な子供は手先が不器用な場合も多く、ただ使わせているだけなのにトラブルになることも少なくない。

中心がずれてうまく描くことが出来ない。

ちょっと描き始めることが出来たと思ったら中心が外れ、円がいびつになる。

一回だけならまだしも、何度も何度もずれる。

イライラがたまり不適応を起こす。

コンパスを投げないかとひやひやすることもある。

サークルメンバーの三年生の娘さんも同じような状況だそうだ。

泣きながら宿題をやっているとのこと。

原因は大きく三点である。

a　指先でコンパスを回す動作に慣れていない。

b　描く方に力を入れ過ぎる。
c　一発で描こうとする。

それぞれについて解決する方法を述べる。

a　指先でコンパスを回す動作に慣れていない

そもそも、コマを回したり、細かい模型を作ったり、指先を使う遊びが減ってきている。だから、コンパスを指先で回すことに特化した練習が必要である。

三年生の一学期、コンパスを使う授業では、「スピン」という準備運動を行う。フィギュアスケートのジャンプをイメージさせる。

小単元を含めて一〇時間ある。一〇日間毎日練習するので、テストを受ける頃にはスムーズに回せるようになる。

b　描く方に力を入れ過ぎる

針が動かないようにすることが一番のポイントであるが、コンパスで作用する方は鉛筆の側である。そちらに意識が行き過ぎるので、重心が鉛筆の方にかかり、針の方が外れやすくなるのである。

そこで、針を中心にコンパスを回す、準備運動も必要となる。

私のクラスでは「結弦君」と呼んでいる。フィギュアスケートのジャンプの後の着地の様子に似ているのでこのように名付けた。

出来るだけ、鉛筆が紙に当たらないように回してごらん。

と投げかける。しかし、自然に、鉛筆が紙に触れてしまう。

実は、コンパスで円を描くにはそれぐらいの強さで十分なのである。

濃く描こうとするから重心が鉛筆の方に移ってしまうのである。

「結弦君」をやっているうちに強さが自然と身につく。

c　一発で描こうとする

中心がずれなければ、あるいは、ねじが緩んでなければ何度描いても同じ円が描けるのがコンパスの特徴である。

だから、一回目でとぎれとぎれの円になったとしても、何周かしているうちに円が完成する。

手首のひねりが難しい時は、上半分だけ描かせ、少しずつ持ち替えながら下半分を描かせるとよい。

何度でもなぞればよいことを実際に教師が見せてやる。

私のクラスでは、支援を要する子供も含め全員が円を正確に描けるようになった。

最後に、子供のモチベーションが高いうちにコンパスの技能を身につけさせてやる仕掛けを行う。

それは、次の指示である。

> コンパスを使って、絵を描きなさい。

これを毎時間、最後の五分ぐらい実施する。子供は嬉々としてコンパスで遊ぶ。

毎時間のちょっとした準備運動や遊びながら身につけた技能は、自転車と同じで、一生失われない技能となる。

6　保護者のサポートが必要なこともある

学校での子供の生活を指導、サポートしていくのが私たちの仕事ではあるが、時として保護者のサポートが必要な時もある。

「どうせ俺なんか……」「別に、いいし……」そんな言葉が口癖のA君は、どことなく挑戦的な態度をとる子供であった。

しかし、そんな態度のなかにもよく様子を見ていると、正義感の強さや素直さが見える子であった。

ある日の放課後、A君の母親から電話がかかってきた。内容は次のとおりであった。

・A君の姉がうちのクラスのBさんの姉に呼び出された。
・A君の姉は、Bさんの姉に「あんたの弟が私の妹をいじめている。すぐやめさせるように弟と親に伝えておいて」と言われた。
・A君の母は驚いて、すぐに私に電話してきた。

A君はサッカーの練習に行っており、その時は母親も本人に事実を確認できていなかった。

私はA君がそのようなことをするとは考えにくいと思った。

その電話では、次のことを伝えた。

・明日、すぐに事実を確認します。
・今晩はA君をいきなり問い詰めるのではなく、穏やかに事実を確かめてあげてください。
・お姉さんがA君を攻撃しないように話してあげてください。
・A君の言い分を今日はそのまま受け入れてあげてください。
・事実を確認したことは次の日の午前中に連絡します。

管理職と同学年の先生方に事実を伝えて次の日を待った。

翌日の朝、すぐにBさんに確認をとってみた。

Bさんはお姉さんのそのような言動を知らず、とても驚いていたようであった。

「確かに嫌なことはされますが、私もやっています。しかもいつもってわけじゃありません」

本人はいじめられているということではなく、時々ケンカをする程度であると言う。

他の子供にも確認してみた。

「どっちもどっちです」という言葉が返ってきた。

私もそう思う。

本人たちには今回の件を整理して伝えた。

「できるだけケンカのないようにします」

と言ってくれた。

賢い子供たちであった。

A君の家にはすぐに連絡した。

・お互い様であって、いじめているという事実はありませんでした。
・Bさんのお宅にも連絡してお姉さんが安心できるようにします。

Bさんの家には、放課後に連絡をした。

・Bさんのことを大事にしてくれたお姉さんにありがとうと伝えてください。
・Bさんが安心して学校に来られるよう、よく見守っています。

と伝えた。

どちらの家庭からも謝罪と感謝の言葉をいただいた。

一応の解決となった。

A君の母親から次のような話をいただいた。

「Aは奥田先生のことをとっても信頼しているみたいです。ちょっと言いにくいのですが、一年生から五年生まではどの先生に対しても、家では呼び捨てでした。

でも、今年は今までで初めて「奥田先生」って「先生」をつけて話すんです」

ありがたい話である。

Ａ君に対して、怒鳴ったり、凄んだりしたことは一度もなかった。

お母さんの話では、毎日担任に叱られていたとのこと。

自尊感情をずたずたにされてきたのだろう。

子供への対応はもちろん大切であるが、保護者のサポートもしっかり行うことが子供にとって良い循環を生むことにもつながる。

また、子供の力を学校で発揮させることで、保護者の安定にもつながる。

もう一例、紹介する。

三年生までは授業中に自分の席に座っておくのが難しく、友だちとのトラブルが絶えないＣ君がいた。

三年生の時、ケンカをして友だちを蹴ってしまったことがあった。

それを目撃した担任が、

「どうして蹴ったのですか」

と問いただしたが、

「俺は蹴っていない」

と言い続けた。

半ば言い合いになっていたところに、サポートに入っていた特別支援の先生が聞き取りを変わった。

「蹴っていないんだよね」

「はい」

「何があったか教えてくれる？」

「はい、キックしました」

「キックしたことはダメなことだってわかるよね」

「はい」

「では、キックしたことを謝ろうか」

「はい」

このように解決したそうだ。

合理的な配慮が必要な子供である。

四年生の担任になった先生は特別支援教育に関心が高くC君を任された。五年生で私が担任することになったのだが、次のことを教えてもらった。

四月八日の担任発表のあと教室に行くと、所定の位置（出席番号順）に座らず、違う所でふてくされていた。

「どうした？」

と聞くと、

「何でオレの周り全部女なん」

と言って泣きべそをかいていた。

「どこならいいん？」

と聞くと、空席（交流学級の子供用）を指差した。

そこに座るように伝えると機嫌を直し着席した。

学活が終わり職員室へ行き、教室に戻ると、本来座る場所に座って周りの女子と話していた。

その後一年間、担任の言うことをよく聞いた。

あのとき、「へんな所にいないで、自分の場所に座りなさい」と言ったら、一年間ダメだったかもしれない。

トラブルがすべてなくなったわけではないが、私が担任した時には、周りに迷惑をかけず授業を受けるようになっていた。

その子に寄り添った対応をすることで、子供はこんなにも変わるのだということがわかった。

さて、三年生までは対応に困っていたようで、当時の担任は、学校での問題行動を毎日のように放課後電話をしていた。

あとでわかったことだが、このご家庭では夕方になると殺伐としていたそうである。

夕方にかかってくる電話は学校から嫌なことを言われるものであるというイメージが染みついてしまったとのこと。

一緒に暮らしていた祖母は、平日夕方の電話は絶対に取らないようになってしまったらしい。

お母さんにも大きなストレスを与えていたようだ。

参観日や懇談会には参加しなかった。

四年生では通級指導教室に通うようになった。

学年末に、通級指導教室の先生と懇談をしてそのまま帰ろうとされたところを、担当の先生が止めて、担任との懇談を促した。

するると、

「どんなことを言われるかと思うと怖くて行けません」

と、泣きながら話されたそうだ。

「今年は、電話とかなかったんじゃないですか？」

「はい、今年はありませんでした」

「担任も、C君はよく頑張ってるって言っていましたよ。

ぜひ話を聞きに行ってあげてください」

と、教室での懇談を勧めた。

お母さんはしぶしぶ、教室に上がったそうだ。

しばらくして、また、通級指導教室に泣きながらやってきた。

どうしたのか聞くと、「懇談で初めてCが褒められました」と喜んでおられたそうだ。

子供の実態に沿い、工夫し、力を伸ばす教師は、保護者の心も安定させるのだと感じたエピソードである。

また、逆に心理的に追い詰めてしまう場合もあるのだということを肝に銘じたいものである。

あとがき

改めて二〇年の実践を振り返ってみると、数多くの失敗を繰り返していることがわかった。

今思えば、事前に手を打っておけば防げたトラブルが多々ある。

やはり、自分の未熟さが原因であった。

それでも、年々、未然防止が上手くいっているのではないかと思う。

そして、その結果、「友だち」という関係を良好にすることに貢献出来ているのではないかと感じる。


いまだに失敗することはあるが、仕方がないことだと思えるようになってきた。

自分が、どんなレベルであっても、諦めず、逃げないことがこの仕事には大切だと思う。

人間関係に正解はないからだ。

本書では、失敗し、何とか乗り切ってきた事例を紹介してきたが、それであっても、もっとよい方法があったはずだ。

しかしながら、その時々の対応は、自分の精一杯であった。

そして、精一杯ということが正解であったのだとも感じる。

たとえ、他の人にとってよりよい方法だとしても、自分で精一杯考え、選んだ方法には及ばないのではないだろうか。

ただし、知識がゼロに近ければ事態を収拾することは、より困難になるはずである。

だから、たくさんの技を知っておく必要がある。

そして、どうしてそのような選択になったのか、なぜ上手くいったのか、あるいは、なぜ、上手くいかなかったのかを分析することを勧める。

このように頭の中でトラブルを疑似体験することで対応力は上がっていく。

できることなら、一人ではなく、サークルなどに出かけて行って、仲間と共に考えを交流するとよい。自分一人で考えるより何倍も学びが深まる。

目の前の状況は千差万別、同じ状況はない。

それでも、応用出来ることはたくさんある。

本書に書かれた数々のトラブルとそこからの生還の事例が、読者（特にセロトニン系教師の皆さん）の今後の教師生活に役立つものであれば幸いである。

最後に、本書の執筆を推薦してくださったのは、私の師匠であり、永遠の目標である河田孝文氏である。怠けそうになる私の背中をいつも押してくださる河田氏の推薦がなければ、実践を改めて明文化することはなかっただろう。感謝の二文字しか思いつかない。

また、執筆にあたっては、樋口雅子氏に何度も励ましの言葉をいただいた。

重ねて感謝いたします。

奥田　嚴文

<著者紹介>

奥田嚴文（おくだ よしふみ）

広島県生まれ。1997 年山口大学教育学部卒業後、山口県公立小学校の教師となり、現在、山口県周南市立鹿野小学校勤務。
エネルギー模擬授業全国大会 2014 年最優秀賞、2012 年、2015 年優秀賞。2017 年金融教育全国大会優秀賞。
山口県親学推進協議会副会長。

あの子はなぜ友だちが出来ないのか
――孤立する子ゼロ！　教室経営のヒミツ――

GAKUGEI MIRAISHA

2019年 2 月 1 日　初版発行

著　者　奥田嚴文
発行者　小島直人

発行所　株式会社学芸みらい社
〒 162-0833 東京都新宿区箪笥町 31 箪笥町 SK ビル
電話番号 03-5227-1266
http://gakugeimirai.jp/
E-mail：info@gakugeimirai.jp
印刷所・製本所　藤原印刷株式会社
ブックデザイン　小沼孝至
企画　樋口雅子
校正　大場優子
落丁・乱丁は弊社宛にお送りください。送料弊社負担でお取替えいたします。

ISBN978-4-909783-01-1 C3037